新时代

职业教育改革探索与实践

刘云厚 丛阳 主编

中国电力出版社
CHINA ELECTRIC POWER PRESS

内 容 提 要

为落实国家职业教育改革精神，探索新时代职业教育高质量发展之路，国网技术学院组织专门团队，对新时代职业教育进行专题研究。本书汇总了专题研究的成果，包括四个部分共二十章，主要阐述了职业教育新时代发展定位、职业教育要素化建设特征、新时代职业教育践行观等，特别提到了值得关注的两个观点：人工智能时代的教育方向是"做机器不能做的事"、职业教育的核心是教育要职业。

本书可作为教育管理工作者、教育研究工作者、广大职业教育教师的参考书。

图书在版编目（CIP）数据

新时代职业教育改革探索与实践/刘云厚，丛阳主编．—北京：中国电力出版社，2020.1（2020.4 重印）

ISBN 978-7-5198-4143-0

Ⅰ.①新… Ⅱ.①刘…②丛… Ⅲ.①职业教育—教育改革—研究—中国 Ⅳ.① G719.21

中国版本图书馆 CIP 数据核字（2020）第 023458 号

出版发行：中国电力出版社
地　　址：北京市东城区北京站西街 19 号（邮政编码 100005）
网　　址：http://www.cepp.sgcc.com.cn
责任编辑：冯宁宁
责任校对：黄　蓓
装帧设计：张俊霞
责任印制：吴　迪

印　　刷：三河市航远印刷有限公司
版　　次：2020 年 1 月第一版
印　　次：2020 年 4 月北京第二次印刷
开　　本：710 毫米 ×980 毫米 16 开本
印　　张：14.25
字　　数：220 千字
定　　价：45.00 元

版权专有　侵权必究

本书如有印装质量问题，我社营销中心负责退换

编委会

主　　任
刘云厚　丛　阳

副主任
李勤道　王立新　李振凯　冯　靖　张立波

委　　员
何修伏　王立志　刘锦科　张　勤　苏庆民　于　超
李宏伟　谢　峰　赵义术　高洪雨　牛　林　朱正堂
王付生　张　伟　张　卫

编写人员
王立志　赵义术　张　卫　陈琬雨　姜　杨　魏书印
王寨田　万　刚　殷　帅　刘庆刚　郑行超　冀　斌
赵红宾　杨　斐　谭　伟　甘言礼　袁　旺　徐坊降
战　杰　倪慧君　李晓哲　郑壮壮　纪恩庆

统稿人员
苏庆民　崔　昊　叶　飞　纪恩庆　杨立久　丁　梅
刘广艳

前 言

职业教育,一头连着发展,一头连着民生。

2019年1月,中办发布《职业教育改革实施方案》,首次在国家层面明确职业教育是类型教育,同时还明确了职业教育改革发展的战略目标、战略路径、重要举措,这是国家对职业教育的新态度、对职业教育形势的新判断、对职业教育地位的新定义,也代表了我国职业教育的时代新认识、社会新导向、市场新希望,必将促发职业教育又一个春天的到来。

多年以来,广大职业教育战线上的工作者兢兢业业、拼搏奉献,克服重重困难、坚持改革创新,创建了完整的职业教育体系,为国家培养了一大批优秀的建设者,支撑了共和国的工业化进程,见证了祖国70年的壮丽发展。但我国的职业教育,和工业化进程一样,还比较年轻,也比较粗放,要么因为脱离不了普通教育的痕迹而一直被诟病,要么因为是平民的、技术工人的教育而被各界集体歧视,成为边缘化教育。时至今日,仍然被西方教育界评价为无理论、无大师、无品牌的"三无"教育。

但中国职业教育界仍然进行了大量有益的探索,尤其是部分职业院校形成了自己的办学特色,其中办学源头肇始于1958年的山东电力高等专科学校在职业教育方面形成了很多值得研究的成果。2019年,山东电力高等专科学校已经走过了61年的发展历程，经历了共和国职业教育的几乎全部重大变革。依托山东电专设立的国网技术学院，经历了调结构、提效能、转模式的岁月尝试，在2019年走到了跨越式发展的第11个年头。中国进入新时代，"四个自信"成为民族共识。几十年身在职业教育的大潮中，基于"人才强企、教育兴业"之情怀，基于持续抓好职业教育的探索实践，我们逐步清晰了新时代职业教育的践行观。

由此，国网技术学院组织专门团队，对新时代职业教育进行立题研究，最终形成四个部分、二十章研究成果。鉴于众人思考之过程、众智汇聚之结果，从系统性来看，可能不够完整；从前瞻性来看，可能不够显著；从普及性来看，可能不够精准。但是，我们希望通过不懈的努力，能够有助于建立新时代中国职业教育新理论，能够有助于培育新时代中国职业教育新模式，能够有助于树立新时代中国职业教育新品牌，以电力职业教育的卓越实践，推动中国职业教育迈向更高的台阶，为祖国培育更多的英才！

编者

2019年12月

目 录

前言

第一部分 职业教育新时代发展定位　　01

第一章　我国职业教育的基本状况　　02

第二章　西方国家职业教育特点　　15

第三章　职业教育发展的传统性与现实性矛盾　　32

第四章　"新时代"职业教育应该改革与调整的方向　　40

第五章　类型教育不在于内化，在于跨界业化　　50

第二部分 职业教育要素化建设特征　　61

第六章　职业教育的根本属性　　62

第七章　校企合作与校企共建　　75

第八章　"以企业为主体"是未来趋势　　85

第九章　"双高计划"指标体系的不平衡性　　93

第十章　"一体双育四特色"模式的内涵　　104

第十一章　在跨界中融合，才是正确方向　　115

第三部分　新时代职业教育践行观　　125

第十二章　能够让人践行的教育，才是真教育　　126

第十三章　"德技并修"是关键　　136

第十四章　"三教"改革是核心　　143

第十五章　"流程教学"是重点　　156

第十六章　打造"五力"评价体系是职业教育师资队伍建设的主抓手　　165

第十七章　管理创新是职业教育的"进化"保障　　181

第十八章　建设数字化知识体系是提升职业教育的重要方式　　189

第四部分　值得关注的两个观点　　199

第十九章　人工智能时代的教育方向是"做机器不能做的事"　　200

第二十章　职业教育的核心，教育要职业　　208

参考文献　　216

第一部分

职业教育新时代发展定位

砥砺奋进时,不忘来时路。开展职业教育理论研究,根本目的是为了发现问题,思考解决之道。要搞清楚中国职业教育应该往何处去?首先要弄明白,它从哪里来,经历了什么,有何与众不同之处?带着这些问题,让我们共同回顾我国职业教育的前世今生,观察发达国家职业教育的发展历程,反思职业教育的历史性与现实性矛盾,深入思考新时代职业教育之所以是"类型教育"的定位缘由,从而明晰必须要改革或者调整的重要问题。

第一章

我国职业教育的基本状况

> 职业教育源于西方,伴随着工业化、生产社会化和现代化的发展孕育而生,并随之发展壮大,是现代教育的有机组成部分。沿着历史脉络深入研究我国职业教育的基本现状,对于推动新时代职业教育变革具有极其重要的现实意义。

一、我国职业教育的发展历程

1. 萌芽探索及萎靡迟滞阶段(1978年以前)

关于中国职业教育的起源,学术界观点不一:有学者认为中国职业教育可溯源至远古时期的第一次社会化大分工——畜牧业与农业的分工;也有学者认为中国职业教育发端于明朝中后期(与欧洲的文艺复兴时期相当)的资本主义萌芽;还有学者认为中国职业教育源于近代洋务运动的实业教育。但无论发端于何处,直到新中国成立前,中国始终是一个工业化水平极度低下的农业国,在这种背景下,从职业教育制度建立、规模发展来看,中国的职业教育在当时仅仅处于不断探索的萌芽阶段。

一般认为，中国的现代职业教育在辛亥革命中萌发，在"五四"新文化运动前夕形成，于20年代中后期逐渐兴盛。主要标志是：1917年中华职业教育社成立，1918年黄炎培创建了中华职业学校。此发端具有历史性意义，也逐渐培育带动了一批技工学校和中等技术学校的成长。

新中国成立之后，从最初的工农速成学校和技术专修班，到后期的中等职业技术学校，基于改组、改革高等专科学校、成人高校建立了一批高等职业技术学校，经发展逐渐形成了我国的当代职业教育体系，为我国培养了大批的技术技能操作人员。历经"文化大革命"，我国的各类教育均跌入低谷，尤其是对职业教育。由于"四人帮"对职业教育的偏见，职业教育遭受到空前的浩劫，学校停办，校舍被占，队伍失散，思想大乱。1978年，普通高中在校学生数1553万人，而中等职业教育在校学生仅有212万人，高中阶段普职比达到88∶12，差距悬殊。职业教育发展处于极度萎靡迟滞状态。

2. 恢复重建期（1978—1984年）

历史的转折，同样是教育变革的转折点。中国的职业教育是与中国改革开放同步发展起来的一种教育，是伴随中国经济高速发展并成为世界第二大经济体背景之下成长起来的一种教育。"文化大革命"后，各项事业百废待兴。1978年，十一届三中全会作出了将国家工作重心转移到社会主义现代化建设上来和实施改革开放的重要决定，开启了中国特色社会主义发展道路的新征程。此时的经济建设布局调整，亟需一批能为社会各行各业服务的专门人才和熟练劳动者，而"文革"后的职业教育问题丛生，教育结构单一、普职趋同，与经济发展严重脱轨。

为切实解决以上问题，1978年全国教育工作会议上提出，教育事业必须同国民经济发展的要求相适应，要合理分配各级各类学校的发展比例，扩大各种中等专业学校数量。而后，国家又出台一系列举措，旨在推动中等职业教育的结构性调整。1980年，国务院转批教育部、国家劳动总局《关于中等教育结构改革的报告》，指出要普职并举，城乡广泛举办职业技术学校，部分普高改办为职业技术学校、职业中学、农业中学，大力提高各类职业（技术）学校的在校生数在整个高级中等教育中的比重。这些举措促进了普职比的改善，也促进了职业教育规模的发展。

1984年，全国共有普通高中17847所，招生262.30万人，在校生689.81万人；全国中等专业学校3301所，招生54.61万人，在校生132.2万人；技工学校3465所，招生30.90万人，在校生63.92万人；农业中学、职业中学7002所，招生93.90万人，在校生174.48万人。中等教育结构得到明显改善。

这一时期，中等教育结构得到调整，中等职业教育的规模得到发展。特别是，1980年，江苏省率先试水，建立第一所短期职业大学——金陵职业大学，它标志着我国高等职业教育的开端。而后各省开始纷纷试办，仅仅4年的时间，全国范围内就发展到82所，在校生46956人的规模。

3. 迅速发展期（1985—1997年）

为了加快改革进程，1985年《中共中央关于教育体制改革的决定》指出，以中等职业技术教育为重点，同时积极发展高等职业技术教育，构建从初级到高级、行业配套、结构合理又能与普通教育相互沟通的职业技术教育体系。该决定首次在战略高度上明确了职业教育的地位和发展方向，标志着职业教育步入迅速发展期。

1986年，第一次全国职业教育工作会议召开，而后先后颁布《关于今年继续执行〈一九八五年普通中等专业学校招生规定〉的通知》《关于制定和修订全日制普通中等专业学校（四年制）教学计划的意见（试行）》《国家教育委员会关于颁发〈普通中等专业学校设置暂行办法〉的通知》《国家教育委员会关于改革和发展成人教育的决定》等。从内容来看，涉及职业教育多个领域，旨在解决职业教育的规模、结构、办学质量与经济社会发展不适应的问题；从效果来看，有力促进了整个社会对职业教育技术的认识，同时对"如何办高职"进行了积极探索。

1993年，中共中央、国务院发布《中国教育改革和发展纲要》指出，"各级各类职业技术学校应主动适应当地建设和社会主义市场经济的需要，面向市场需求、为社会建设服务"，并且明确了教育经费投入、师资队伍建设、体制机制改革等详细目标，为职业教育的发展指明了方向。

1996年，我国第一部职业教育法《中华人民共和国职业教育法》的颁布，标志着我国职业教育进入"依法治教"的新阶段。同年召开的第三次全国职业教育工作会议，明确了未来15年职业教育发展的目标任务。

这一时期，国家在政策层面和法律层面对职业教育各方面的管理不断强化，同时，更加注重根据市场经济和现代化建设布局的调整，对职业教育各领域进行变革。此时中等职业教育的结构性问题已基本解决，高等职业教育发展势头迅猛，职业教育发展思路更加清晰，法律保障初步确立。

4. 深化发展期（1998—2004年）

社会主义市场经济体制的建立，改变了先前"统包分配"的劳动力就业制度，企业、个人双向选择的就业制度逐渐建立起来，中专、技校毕业生由国家统包统分的局面被打破。20世纪90年代末，随着我国市场经济体制改革的深入，产业结构的调整，引发大批劳动力的结构性失业，与此同时，国企改革、金融危机也加剧了这股失业浪潮。为缓解就业压力，90年代末的全国高校实行扩招政策。1999年，《中共中央国务院关于深化教育改革全面推进素质教育的决定》提出，要大力发展高等职业教育。加之这一历史时期人民生活达到小康水平，对学历层次的需求更好，因此使得高等职业教育备受青睐，中等职业教育招生连年下滑。

之后，随着我国经济发展速度加快，经济社会对技术技能型人才愈加渴望。2004年，《教育部等七部门关于进一步加强职业教育工作的若干意见》指出，"在高等教育中，高等职业教育招生规模应占一半以上"，以增强职业教育为经济社会发展和新型工业化发展提供人力资源支持，并且能够为解决"三农"问题提供服务。为优化产业结构、适应新型工业化发展，2004年，教育部又在发布的《2003—2007年教育振兴行动计划》中指出"以就业为导向，大力推动职业教育转变办学模式"，并提出"订单式""模块式"新型培养模式，试图通过模式创新提升人才培养质量。

这一时期，中等职业教育经历了由招生连年锐减的危机期向中普比大致相当的稳定期。与此同时，随着"大扩招"带来的高等教育大众化，高等职业教育得到空前发展，并在学科设置、办学模式等方面不断探索，以更紧密地贴合社会经济发展需求。

5. 内涵发展期（2005—2013年）

2005年，《国务院关于大力发展职业教育的决定》提出了"实施职业教育示范性院校建设计划，在整合资源、深化改革、创新机制的基础上，重点建设高水平的培养高素质技能型人才的100所示范性高等职业院校"，这标志着高等职业教育发展进入内涵发展阶段。2006年以后，教育部、财政部先后遴选100所国家示范性高等职业院校。2010年，又新增100所左右国家骨干高职建设院校。这些政策的出台表明国家将高职院校改革与发展的重点放到加强内涵建设和提高教育质量上来。

这一时期，通过示范性（骨干）高职院校的建设，培育了一批高水平的高职院校，推动了高职院校从规模和数量扩张向内涵特色发展转型，现代职业教育体系建设又迈出了坚实的一步。

6. 规范化发展期（2014年至今）

2014年，习近平总书记指出，要"努力建设中国特色职业教育体系"。《国务院关于加快发展现代职业教育的决定》明确提出"建成一批世界一流的职业院校和骨干专业，形成具有国际竞争力的人才培养高地"。2015年，《高等职业教育创新发展行动计划（2015-2018年）》提出建设200所优质高职院校。2018年，《教育部2018年工作要点》提出启动中国特色高水平高职学校和专业建设计划。国家关于职业院校建设路径表现在，瞄准"世界先进水平的一流高职院校"目标，先通过规模化发展实现"全局做大"，再通过示范性建设实现"局部做强"，而后通过不断深化，全面提升职业教育办学质量。

这一时期，随着经济产业的转型升级，职业教育也面临重大的"新旧动能转换"的挑战。把握职业教育规律，聚焦并破解一直以来制约我国职业教育发展的关键环节，走出一条具有鲜明的新时代中国特色的职业教育发展之路，为大变革时代下世界教育的发展，提出中国方案、贡献中国智慧，是这一历史时期的光荣使命。

二、我国职业教育发展的成就

改革开放40年来，中国国内生产总值由1978年的3679亿元到2018年跃上90.03万亿元的历史新台阶，实现由经济发展主要依靠自给自足的在世界主要大国排名最后的农业型国家，向世界第二大经济体、第一大工业国、第一大货物贸易国、第一大外汇储备国、第二大研发经费投入国的跨越。中国经济社会发展取得了巨大成就，举世瞩目，全球公认。相比较而言，中国在教育方面所取得的显著成就则很少为人所知。

客观地讲，中国不仅是世界人口第一大国，而且运行着世界上规模最大的教育体系。中国教育的发展规模和速度，令世界惊奇。中国教育的规模到底有多大？2018年，中国共有各级各类学校51.88万所，学历教育在校生2.76亿人，约占世界学生总数的20%。而新中国成立之初，我国是世界头号文盲大国，文盲占总人口数达80%以上。2011年，中国全面完成普及九年义务教育和扫除青壮年文盲的战略目标，基本扫除文盲。短短40年时间，中国实现了从人口大国、文盲大国向教育大国、人力资源大国的历史性跨越。

在中国广袤的土地上，伴随着改革开放40年来社会经济的高速发展，以及中国教育现代化跨越式发展的进程，我国职业教育也取得了长足的进步。目前，我国已建成世界上规模最大的职业教育体系。据统计，2016年，全国1.23万所职业学校开设约10万个专业点，年招生总规模930万人，在校生2682万人，基本覆盖国民经济各领域，为我国提供了中高级技术技能人才，特别是在高速铁路、城市轨道交通、现代物流、电子商务、信息服务等快速发展的行业中，新增技术技能人才70%以上来自职业院校，成为实体经济发展的中坚力量。目前，中职、高职已分别占据我国高中阶段教育和普通高等教育的"半壁江山"，为中国从制造业大国向制造强国迈进，输送着大量的高质量技术技能人才。与此同时，职业教育的大规模快速发展，也为提高社会民众的整体文化素养，增强其应对社会变化的抵抗力，不断扩大他们个人和家庭的幸福感，起到了不可替代的作用。

总之，40年来，中国职业教育从小到大，从弱到强，在规模和速度上均实现了跨越式发展，对同时期社会经济的发展起到了强有力的支撑作用。

三、新时代职业教育发展所面临的机遇和挑战

1. 我国职业教育发展的新机遇

最显著的标志，职业教育上升至国家战略的高度。 党的十九大报告全面论述了新时代对职业教育的新目标、新要求，"完善职业教育和培训体系，深化产教融合、校企合作"，指引了新时代职业教育改革与发展的方向。2017年年底至2018年年初，国家先后发布《关于深化产教融合的若干意见》《职业学校校企合作促进办法》，从职业教育发展路径到操作层面的具体措施均逐步细化落地。

2018年以来，国家多次提出"稳就业、稳金融、稳外贸、稳外资、稳投资、稳预期"的应对之策，并将"稳就业"列为"六稳"之首，"就业优先"首次被置于宏观政策层面。2019年《政府工作报告》指出，"改革完善高职院校考试招生办法，鼓励更多应届高中毕业生和退役军人、下岗职工、农民工等报考，今年大规模扩招100万人"。2019年3月27日，李克强总理在考察海南经贸职业技术学院时再次提出："希望学校不光招收应届高中毕业生，还要通过完善考试招生办法，多招收一些退役军人、下岗职工和农民工。"由此可见，职业教育不仅仅是教育，而且成为缓解就业压力、解决高技能人才短缺的战略之举。

2019年1月，国务院发布《国家职业教育改革实施方案》，被职教人亲切地称为"职教20条"，明确指出"职业教育与普通教育是两种不同教育类型，具有同等重要地位""没有职业教育就没有教育现代化"。这是国家在应对世界"百年未有之大变局"的形势下，从国家层面对职业教育改革发展作出的重要部署。"职教20条"针对多年来困扰甚至阻碍职业教育发展的关键问题，提出了带有突破性的解决方案，为我国职业教育发展带来了前所未有的机遇，在我国职业教

育史上具有划时代的里程碑意义。

这是国家深入实施就业优先战略，不断加强以就业为底线的宏观调控手段的战略决策。面对如此形势，职业教育必须扛起党和国家赋予的使命担当，跳出传统定式，以更高的站位，顺势而为，做出"脱胎换骨"的改变。

最明显的趋势，职业教育的社会认可度将得到空前提高。多年来，我国职业教育一直参照普通教育办学模式，办学特色不鲜明，招生优势不明显；职业院校毕业生与普通高校毕业生相比，在就业、晋升、待遇、工作环境等方面始终"低人一等"，职业教育被视为"二流教育"的情形一直没有改观，社会吸引力明显不足。

"职教20条"的出台，将职业教育与普通教育并列，把二者放在同等重要地位上，并进一步明确职业教育的办学模式将向"企业社会参与、专业特色鲜明的类型教育"转变；同时提出"提高技术技能人才待遇水平""积极推动职业院校毕业生在落户、就业、参加机关事业单位招聘、职称评审、职级晋升等方面与普通高校毕业生享受同等待遇"。这标志着，国家对职业教育办学定位及培养对象个人发展定位均进行了重新规划；这意味着，职业院校作为支撑新时代中国特色社会主义经济建设的重要教育类型，职业院校毕业生作为推动产业升级所亟需的"知识型、技能型、创业型劳动者大军"的主要来源，都在我国社会经济发展转型期占据不可或缺的地位，必将得到社会的普遍认可。

最可能的结果，产教融合赋予职业教育现代化持续发展的动力。产教融合、校企合作是职业教育的核心和关键环节。但多年来，"校热企冷"的问题一直没有得到根治，合作效果始终不尽如人意。"职教20条"提出："在开展国家产教融合建设试点基础上，建立产教融合型企业认证制度，对进入目录的产教融合型企业给予'金融+财政+土地+信用'的组合式激励，并按规定落实相关税收政策"。这意味着多年来我国职业院校"投亲靠友"寻找合作企业的时代将逐步终结,"校热企冷"的局面将逐渐被打破,多年困扰职业院校的"非制度性"校企合作状态将逐渐破冰。校企之间由"手拉手"变为"心连心",不是仅仅可能,而会成为必然,也必将会为职业教育现代化发展赋予持续不竭之动力。

最新颖的舞台,服务"一带一路",职业教育将大有所为。 2013年,国家相继提出建设"丝绸之路经济带"和"21世纪海上丝绸之路"的合作倡议。2015年,《推动共建丝绸之路经济带和21世纪海上丝绸之路的愿景与行动》提出"沿线各国资源禀赋各异,经济互补性较强,彼此合作潜力和空间很大。以政策沟通、设施联通、贸易畅通、资金融通、民心相通为主要内容。"这标志着"一带一路"构想从理论走向实践。

主动服务国家战略是职业教育发展一贯坚持的原则。2015年,教育部颁布《高等职业教育创新发展行动计划(2015-2018年)》,提出要引进境外优质资源,支持优质产能走出去,全力配合"一带一路"倡议实施,扩大与"一带一路"沿线国家在职业教育上的合作交流,持续提升我国职业教育的国际影响力。

"一带一路"倡议所涉及的经济体包括欧洲经济圈和亚太经济圈,共涉及70多个国家约44亿人,沿线国家多为发展中国家,经济发展水平以及职业教育发展水平均相对滞后,我国职业教育快速发展的宝贵经验,将为其提供中国方案。特别是,伴随我国同"一带一路"沿线国家在基础设施建设领域的深入合作,在经济、社会、文化等更多领域的广泛合作陆续开展,这也决定了中国技术工人将与中国企业一起,在越来越多的领域走出国门。而经济合作之根本,不仅仅是"合作共赢",关键是"民心相通",因此,积极服务中国企业"走出去"战略,职业教育将大有作为。

最有效的作用,政府的新导向带来新的发展机遇。 2019年《政府工作报告》指出，今年高职院校扩招100万，鼓励更多应届高中毕业生和退役军人、下岗职工、农民工等报考。这个要求打破了高职院校只是停留在传统的面向应届毕业生获得生源的定势思维。应届生源是个定数，是有限的，每年包括约800万普通高中毕业生源，以及500万中职毕业生源，每年总计约1300万。社会生源数量更大，更为广阔。据不完全统计，目前全国有农民工约2.88亿，退役军人约0.57亿，下岗职工每年约0.1亿，三者相加约3.5亿人。此外还有残疾人约0.85亿，四者相加约4.4亿，占全国14亿人口的1/3。与应届生源相比，社会生源具有丰富的实践经验和实践智慧，不少人曾经历过高考"失利"或"失学"的挫折，因此对来之不易的学习机会必将倍加珍惜。这种针对社会领域的扩招政策带来的生源之变，意味着更为广阔的生源市场将被激活。

2. 我国职业教育发展面临的新挑战

改革开放以来，虽然职业教育为我国经济社会发展提供了有力的人才和智力支撑，服务经济社会发展能力和社会吸引力不断增强，但仍然面临着许多问题，尤其是当前基于国际形势风云突变，国内经济面临重大转型的严峻挑战。比如，如何提升职业教育质量，如何保证职业教育可持续发展等问题，一直处于"抓而不强、落而不实"的状态下。职业教育问题往往与经济问题、社会问题、文化问题甚至政治问题联系在一起，是需要通过长时间、多方面、深层次的综合改革治理来解决的。由此，也决定了：

一者，现代职业教育体系的不断完善仍有很长的路要走。"职教20条"是办好新时代职业教育的顶层设计，它的出台，标志着职业教育体系的"四梁八柱"已建成。但是从施工蓝图，到全面施工，进而到全面竣工，仍需面对一系列的问题。职业院校能否尽快适应办学类型的变化？企业是否有热情、有能力承担起参与职业教育的社会责任？政府是否能够有效调动各部委，通过财政支持和政策供给，鼓励形成多方积极参与办学的格局？等等，都是我们必须面对的"关口"，也是我们无法回避的矛盾，因而，我国职业教育的现代化建设仍有很长的路要走。

二者，补齐职业教育的发展短板，提升教育质量迫在眉睫。"职教20条"标志着职业教育发展的政策红利期和机遇期已经到来。随着职业教育外部配套制度改革深入，职业教育发展的外部环境将逐步改善。然而，对于职业教育自身而言，我国职业教育有近千个专业、约10万个专业点，教师、教材、教法上存在不少薄弱环节，主要表现在："双师型"师资队伍严重不足，教材陈旧老化，教法仍停留在"理论灌输多、实操实训少"状态，这些都导致职业教育人才培养与产业行业实际严重脱节，是职业教育发展质量不高的重要因素。而提升教育质量，首先要补齐职业教育发展短板，进一步提高"校企双制、工学一体"水平；更为关键的是要打造"双师"队伍，真正让教师不仅具有专业教学能力，还要具有专业实践能力。学制教育、职业培训、技能评价、就业创业服务，不仅仅是职业教育形态，更要看到在其背后的关联关系、支撑能力，这才是职业教育保持长盛不衰的内生动力。

三者，扩招对职业教育带来的重大挑战。扩招为高职院校带来了巨大的生源市场，同时也必将引起教学、建制等方面的重大变化。扩招生源之中，非应届生源所占比例将增大。与学业成绩相当、出生年龄相近、社会经历简单的应届生源不同，社会生源类型呈现多样性，其年龄层次、社会经历、家庭背景、学业水平均千差万别。针对这种情形，应如何有效地开展教学？从专业建设、课程开发，到教学组织、教学方法、教学评价，整个教学模式都将面临一次脱胎换骨的大变革。

此外，扩招虽然是在"就业优先"被置于宏观政策层面的背景下提出的，但绝不是一时的权宜之策，或将成为职业教育一段时期内的历史任务。因此，原有固定、封闭的学校建制，显然不能适应多样化生源长期并存的现状。"学习－就业"的模式或将被"学习－就业－再学习－再就业……"的模式所替代，关于多样化学制组合的探讨，关于适应终身学习的学籍管理方式的探讨，都是职业教育走向更为开放的发展道路所需破解的问题。

第二章

西方国家职业教育特点

> 他山之石，可以攻玉。研究西方发达国家职业教育的发展历程及其沉淀的理论与实践成果，一定会为我们提供一面历史的镜子，帮助我们更好地面向未来。成熟的职业教育，全球公认德国、日本、美国的经验最具有借鉴意义。

一、德国职业教育

1. 德国职业教育发展历程

19世纪30年代至20世纪初：早期职业学校的诞生。德国职业教育有着悠久的历史，行会主办的学徒教育可以追溯到中世纪。非洲和美洲新大陆的发现和通往亚洲新航道的开启，使得行会制度无法满足工商业发展需求，传统的学徒制也逐渐淡出历史舞台。因此，凯兴斯坦纳率先提出将部分学校改为职业培训机构，通过职业培训将无产阶级融入国家资本主义制度。也就是在此背景下，为了培养更多的技术工人，德国逐步出现了三种类型的职业学校：实科学校、地方工业学校和进修学校。具体而言：

19世纪初，德国城市经济走向繁荣，带动了实科学校的迅速发展。1832年，德国政府颁布了《实科学校毕业考试章程》，对实科学校毕业考试进行了统一规定。1859年，政府继续强化对实科学校的管理，下发了《实科学校课程编制》，对课程设置和学制进行了进一步明确。相关政策的接连颁布，促进了德国各级实科学校的迅速发展。

地方工业学校始建于柏林，随后德国境内多个城市纷纷仿效，到19世纪末20世纪初已经建成了全国范围内的地方工业学校网络。地方工业学校主要是培养适应经济发展的初级操作工人。为适应产业革命发展需求，1850年，德国开始对地方工业学校进行改革，将其改建为标准统一的中等专门学校，重点培养技术类技师。

进修学校的前身是早期的星期日学校，是德国职业教育院校的另一种形态。19世纪后期，德国进修学校的发展蔚然成风，为保障进修学校的有效运转，德国政府采取了经费保障措施，并规定了必修科目和采用的教学方法。随着实科学校、地方工业学校和进修学校的建立与兴起，德国职业教育逐渐走上了规范化发展的道路，这也为后期"双元制"职业教育制度的建立奠定了基础。

20世纪20年代至70年代：企业广泛参与职业教育。自20世纪20年代中期，德国职业教育受到泰勒"科学管理"思想影响，开始着眼于开发系统化的培训标准和培训方法。另外，为实现职业教育培训的规范化发展，政府成立了一系列专门机构，例如德国技术工人培训学院等。这些机构规范了职业教育培训系统，促进了职业教育培训的进一步发展。1937年"职业学校"这一标准的名字被使用，随后参加职业学校的学习变成了全国性的义务教育。

第二次世界大战后，联邦德国继承了原德国的职业教育发展思路，职业教育也从战争期间的政治意识中解放出来。联邦德国教育部在《对历史和当前职业培训及职业学校教育的鉴定》一文中首次使用

"双元制"一词，标志着"双元制"职业教育模式在官方语言上正式得以确立。1969年，德国实施了《联邦职业教育法》，首次整合了各种与职业教育有关的法律法规，将职业教育类型分为初始教育、继续教育和改行教育三大类，对涉及职业教育的管理等方面也做了全面的部署。该法律还强调承担职业教育任务是企业的公共责任，国家对职业教育有管理权。《联邦职业教育法》的颁布，标志着德国"双元制"职业教育模式在法律地位上得到了确认。

为了进一步提高企业参与职业教育的积极性，1972年联邦德国颁布了《企业基本法》，进一步明确界定了企业在发展职业教育中的义务和权力。在当时，巴登-符腾堡州是联邦德国境内经济实力最强的州之一，需要大量的具备实践动手能力的高级应用型技术人才。为了缓解技术技能人才紧缺的问题，该州的三家知名企业：戴姆勒-奔驰公司、罗伯特·博世有限公司、洛伦茨标准电器设备公司与斯图加特行政经济学院联合创办了实施校企合作的职业教育学院。总之，德国"双元制"职业教育模式的确立和一系列职业教育法律的颁布，使得德国职业教育在二战后得以迅速地发展。

20世纪70年代至今：政府推进区域职业教育均衡发展。1990年德国实现统一，对职业教育发展产生了巨大影响。与原西德地区相比，东德地区存在工业化水平较低、制度落后等现实问题，面临着沉重的转型压力。为实现区域经济协调发展，德国政府从本国职业教育发展的实际情况出发，针对当时职业教育存在的问题，制定了继续强化职业教育的重点措施：提升职业教育水平与地位、大力发展继续教育、强化职业教育的国际交流、促进普通教育和职业教育相融合等。德国政府还推行专门的学徒培养计划，通过职业培训缩小东西部技术工人的差距，以实现德国经济的均衡发展。

进入21世纪，德国政府愈发重视职业教育，提出德国未来的职业教育发展会致力于建立更加专业、更加灵活、更加符合未来发展要求的高水平职业教育体系。此后,德国政府更是明确表达了坚持和发展"双元制"职业教育模式的决心,将继续鼓励校企合作,挖掘企业在职业教育领域的作用。同时,处理好学生职业能力培养和职业道德培养的关系,开发更多的职业能力和就业准备培训,加强职业教育的服务功能。

为适应新时期国内职业教育的发展需求,德国政府一方面颁布实施了多项有利于职业教育发展的政策措施,另一方面,相继颁布了一系列促进职业教育健康发展的法律法规,进一步发挥立法对职业教育制度建设的重要作用。2004年,德国出台了《联邦职业教育保障法》,从法律层面要求企业提供职业培训岗位,保障职业教育的实施。2005年,德国颁布了新《职业教育法》,从国家经济社会发展的方方面面出发,对职业教育法律进行全面系统地补充完善。新《职业教育法》明确界定了德国职业教育的四种形式:改行教育、进修教育、初级教育和准备教育。该法强调要对职业教育改革进行全面提速,推进职业教育的现代化,以适应德国工业的发展需求;加强职业教育品牌建设,鼓励在职教领域开展广泛的国际合作;继续强化企业在职业教育改革发展中的作用。在这一时期,德国政府采取了一系列措施对双元制进行了继承和发展,深化职业教育改革,鼓励企业发挥更大的作用,有力促进了职业教育现代化建设。

2. 德国职业教育的典型特征

企业在职业教育体系中居于核心地位。国家与企业之间协作办学的模式,使德国职业教育享誉世界。在德国,职业教育的实施以企业为核心,学校教育扮演辅助性的角色。企业的核心作用体现在:企业负责实践教学环节经费的筹措,是实践教学成效评价主体,策划实施校内外实践教学等。职业院校的学生在正式接受学校教育之前会参加企业的实习,从而更加明确理论学习的目标。企业会根据所在行业或市场的要求，影响学生在校学习期间的侧重点，从而与市场的需求紧密结合。

全面互通的职业教育模式。 德国的普通教育和职业教育具有高度的互通性，主要得益于德国教育制度的两个基本原则：职业教育与普通教育地位平等；普通教育和职业教育在渗透性较强的教育体系下可以实现充分的融通。无论什么类型学校毕业的学生，都可以根据本人和家庭需要有选择地进入高校接受高等教育，因而形成了彼此连接、四通八达的教育网络。全面互通式的教育模式，不仅促进了德国各种类型人才的培养，还将职业教育由终结教育改变为适应经济社会发展的终身教育，有利于劳动者持续提升自身的综合素质和技术技能水平。

以实践能力为核心的职业技能本位训练制度。 德国以"双元制"为主体的职业教育体系，历来重视实践动手能力的培养，各类职业学校理论与实训课程的设置比例达到了1∶2，学生实际操作能力训练被作为最核心的学习内容进行讲授，而理论知识只是作为企业实践教学的补充。由此可见，德国职业教育尤其重视学生问题解决能力的培养，并最终形成了以实践能力为核心的职业技能本位训练制度，对德国产业工人技术水平的提升有着非凡的意义和影响。

3. 德国职业教育存在的问题

"双元制"职业教育制度，对德国经济的迅速发展发挥了十分重要的作用，但近年来，"双元制"逐渐出现了衰落的迹象，主要表现在：申请职业教育培训的人数呈逐年下降的趋势，这一点在部分职业领域尤其明显；由于人数减少，职业培训人员的入学资格越来越低，中途放弃职业培训的人数也明显增加；由于职业教育负担沉重和国际竞争压力，越来越多的企业退出了"双元制"德国职业教育体系。另外，由于"重"实训课程"轻"理论学习，导致学生后期继续学习的能力受到一定限制，并且时间愈长，相应问题愈加明显。此弊端饱受诟病，也愈加成为难以破解的积弊。

二、日本职业教育

1. 日本职业教育发展历程

19世纪70年代至20世纪20年代：以产业发展需求为导向，职业教育体系初步建立。 19世纪60年代末，日本实施明治维新，积极引进西方先进技术与经验，培养能够符合资本主义经济快速发展需要的高素质劳动者。政府开始投资兴办官办产业，由于官办产业规模较大并且结构复杂，需要培养大量的产业工人。传统的"学徒制"人才培养方式已经不符合官办产业发展的要求。因此，日本政府开始兴建各类职业学校，构建职业教育体系。

1871年，日本政府在东京建成了国内第一个工学寮，用于培养工部省及地方工部厅的技术官员。这所学校是日本历史上第一所职业学校。1872年，日本又颁布了《学制令》，是日本近代史上第一个教育改革法令。同年，政府在东京成立开成学校。这所学校以西方发达资本主义国家职业学校教学模式为蓝本，是一所典型的职业教育学校，标志着日本职业教育的开端。

职业教育出现不久，由于财政危机等因素，官办产业开始出现经营不善的情况。从西方引进的职业教育办学模式，也脱离了日本本国实情。因此，政府出台《教育改正令》。根据该法令，文部省负责包括职业教育在内的全国教育事务，并对职业学校的类型做了进一步划分，明确了各自的专业特色和对应的产业领域。1893年，政府颁布法令将职业教育嵌套进初级教育阶段。为了提升中学生的职业能力，政府要求初级教育到高等教育各阶段要开设相应的职业课程，普通学校要有完善的职业课程体系。初等职业课程的广泛设立，标志着日本初等职业教育体系的形成。

"甲午战争"之后，为了保持经济快速发展的势头，日本政府颁布了历史上第一部完整系统的职业教育法——《实业学校令》。这部法律明确了日本中等职业教育、普通中等教育并举的教育体系，规范了中等职业学校的类型。为了发展更高等级的职业教育，政府开设了高等专门学校。自此以后，由实习学校（初级职业学校）、实业学校（中等职业学校）和高等专门学校构成的日本职业教育体系正式形成。

20世纪20年代至70年代：扩充职业教育内容，提升职业教育层次。第一次世界大战以后，日本经济驶入了快车道，原有的职业教育制度已经不能适应经济发展的需要。为了培养更多的社会紧缺人才，日本政府着手开展职业教育改革。首先，政府对中等职业学校体制进行了积极的改革：教育目标更加注重德技并重，增加道德、政策法律类课程的比例。改革使日本中等职业教育的规模有了明显扩大，学校数量和在校生人数显著增加，办学层次也有了明显提升。

由于得到国家的支持，私立职业学校也有了快速的发展。到20世纪60年代，私立职业学校与国立、公立职业学校的招生规模已大致相当。1962年，日本政府将短期大学转为公立高等专科学校，学制延长至5年，同时招收普通初中生和初级职业教育学生。自此，日本的基础教育、职业教育和职业基础教育有了较好的衔接。为了提升职业教育的办学层次，1976年起，日本开始参照德国职业教育，设立技术科学大学。到20世纪70年代末，已经形成了包括技术科学大学、职业高中、高等专科学校、实业学校在内的完整职业教育体系。

企业参与的职业教育在这一时期也得到了蓬勃发展。日本政府认识到，学校开展的职业教育，在培养人才方面由于缺乏实践动手能力，不能完整地发挥职业教育的作用。所以，政府颁布法令强化公共职业辅导机构、企业的责任，鼓励成立企业教育学校，承担本企业员工的技术技能培训及岗位轮换培训；通用技术培训，主要由公共职业辅导机构承担。由此，"企业本位"与"社会本位"的职教分工得到进一步明确。

20世纪80年代至今：适应信息时代发展需求，职业教育体系繁荣发展。 随着尖端技术的不断发展，培养高级职业人才逐渐成为各国职业教育的共同目标。1999年，日本开始尝试在大学开设专业博士学位课程，培养高级职业人才，博士学位也开始进入日本职业教育体系。2000年，日本文部省在高等专门学校建立"专门研究生院"，在金融、商业、经济、卫生、农业等学科开设硕士课程。设立专业硕士课程的意义，不仅仅提升了职业教育的层次，同时也实现了职业教育类的研究生教育与普通教育类的研究生教育的对接。

在大学职业教育学位制度逐步完善的同时，日本企业教育也日渐规范，成为职业教育体系的重要组成部分。1985年，日本国会废除了《职业训练法》，取而代之以《职业能力开发促进法》。这部法律更加注重从业者的终身职业培训，提升了公共职业培训制度的弹性。与此同时，公共职业培训机构的类型也日渐多元。教育内容上，日本企业注重培养员工的国际化视野和能力，推行了日本职业资格与其他国家职业资格相互承认的举措。另外，为了提升员工参与职业培训的积极性，企业实施了一系列激励措施，例如终身雇佣制、薪酬与职业资格等级和职业培训时长挂钩等。在政策支持方面，也持续强化对职业教育组织体系、师资和经费方面的扶持。

2. 日本职业教育典型特征

系统完整的职业教育立法。 日本职业教育的发展，首先得益于系统完整的法律体系支持。为提高职业教育水平，日本政府出台了针对国立、私立学校的专门法律，保障学校的办学经费。在高等职业教育方面，日本政府颁布了适应高等专科学校、短期大学和专修学校等高等职业教育机构发展的建设标准，从专业设置、培养模式和教学方法等方面进行了全面系统的界定，确保每一类型的高职院校都能遵循统一的行为规范，以达到各类人才培养的预期目标。

提升技能水平与培育人文素养并重。日本职业教育的另外一大特色，是将提升技能水平和培育人文素养放在同等重要的位置，这是日本企业员工具备高忠诚度的重要原因。一方面，为培养学生的实践动手能力，强化对操作技能的掌握，加大对实习、实训课程的设置，理论课与实践课比例大体持平；另一方面，为培养学生的道德操守、人文情怀和法治意识，职业教育学校普遍开设了门类齐全的人文类课程。由此，实现了学生在科学文化和人文素养两个方面的均衡发展，使学生不仅仅成为单一的技能劳动者，更具备了独立的思想和完整的人格。

多元化的职业技术资格认定体系。日本建立了全方位的职业技术资格认定体系，使得职业资格教育突破了证书教育的范畴，成为贯穿从业者职业生涯的终身教育。通过颁发不同等级的职业资格证书，从业者的技能水平和工作经历有了官方的证明，并形成了新的职业能力发展通道。在日本，以授证单位为标准，可以将职业资格划分为国家资格、民间资格和公共资格三种：

第一类，由政府统一组织考试进行认定，具有很高的社会认可度，通常颁发职业准入证书，例如会计、医生等；

第二类，由地方政府颁发，通过国家颁布的职业技能审查标准直接认定，社会认可度略低于国家颁发的职业资格证书；

第三类，由社会组织和行业协会颁发，虽然在法律上并未设有统一的认定标准，但在企业内部具有较高的参考价值。

3. 日本职业教育存在的问题

职业教育的发展，对日本战后经济的恢复做出了巨大的贡献，各类职业院校的地位也越来越受到社会认可。但具体到个体从业者，依然有不少问题没有能够得到很好解决。这些问题首先反映在薪资待遇方面，在日本企业中，主要由职业院校学生构成的技术技能工人队伍，其收入水平仍然普遍低于普通高校毕业生，好的口碑未能体现出必要的经济意义。与此同时，近些年日本人口出生率逐年下降，政府给予普通高校更加灵活的招生权。为了获取足够的生源，普通高校对入学条件一降再降，对职业院校的生源造成了明显的冲击。这种冲击对私立职业院校的影响尤为明显，由于缺少足够的财政支持，私立院校的经营状况日渐恶化，部分出现了破产倒闭的情况。职业教育的办学热情受到很大打击。

三、美国职业教育

1. 美国职业教育发展历程

美国经济的迅速发展和社会的深刻变革，使政府把发展职业教育放在突出位置，先后策划实施了三次大规模的职业教育改革。

20世纪50年代至80年代：扩大职业教育规模，提升职业教育社会影响力。 20世纪50年代中期，失业人口激增、劳动力结构不均衡、职业教育不被重视与经济快速膨胀等各种问题交织在一起，使整个美国社会陷入"滞涨"状态。1960年，约翰·肯尼迪当选美国总统，自由行动主义的改革精神及措施开始活跃于美国政治舞台。随着民主党的重新执政，政府在公共事业不断强化自身的作为，发展职业教育才被纳入重要议事日程。

从60年代起，美国政府开始紧锣密鼓地颁布与职业教育有关的法案，尝试使用"立法先行"的办法，快速发起一场缓解社会失业矛盾的职业教育扩张运动。1962年颁布的《人力开发训练法》，规定了由联邦政府和各州政府共同出资，地方就业保障办公室组织职业技术培训。1963年出台的《职业教育法》，将职业教育面向的对象扩大到了所有需要接受职业培训的人，包括中学生在内，同时又划拨大量的专项经费促进各州发展职业教育。1964年，林登·约翰逊当选美国总统后，发起了"伟大社会"活动，决心消除贫困人口。随后颁布的《经济机会法》，提出了"职业团"计划，资助各地16至21岁的青年获得就业培训机会。一系列政策法规的颁布和实施，使美国社会的失业问题有所缓解，职业教育也开始进入规模快速扩张的时期。

20世纪70年代，美国职业教育改革的势头进一步高涨。在经济陷入滞涨的背景下，职业教育发展的出发点，开始由缓解失业矛盾变为全民职业能力训练。也就是在这一时期，马兰·西得尼提出了"生涯教育"的概念。他建议放弃传统的教育分类法，取而代之实行一种能使所有学生都得到职业前途的生涯教育计划。这种主张得到了国会、教育组织和社会工商界的广泛支持。为了激发地方的改革动力，1973年，国会出台了《全面就业培训法案》，将开发人力资源和规划职业培训等职能下放给地方各州。由此，一场全国性的生涯教育运动在美国迅速展开。

20世纪80年代至90年代：强化职业教育效能，提升职业教育品质。20世纪80年代后期，国际经济格局出现了新的变化，德国以职业教育作为工业发展的制胜法宝，通过构建体系完整、法律完备、考试严格和经费充足的"双元制"教育模式，有力地推动了产业结构的升级和转型，一跃成为欧洲第一大经济体。德国"双元制"职业教育取得的惊人成绩，引起美国的高度关注。1989年，美国国会正式通过《国家竞争力强化教育训练法案》，要求全面优化升级职业教育模式，推行强调"融合""衔接"为特征的职业教育改革。

手段之一：促进中等教育与中等后教育相衔接。中等教育与中等后教育相衔接的模式是由戴尔·帕内尔提出的，在他的著作《被忽视的大多数》中，帕内尔建议通过紧密的合作教育和课程衔接计划，将中学阶段的职业教育同两年制专科教育联系起来，以便为学生提供更为广阔的技能学习机会。印第安纳州率先实施了2+2职业教育项目，其他各州随后开设了 3+2、4+2 等模式。1995 年，美国成立的技术项目协作组织已超过 1000 个，七十余万名学生加入了合作教育。

手段之二：促进职业教育与普通教育的融合。《帕金斯职业教育法》的实施，推进了职业教育和普通教育的融合与发展。实际上，在职业教育与普通教育关系问题上，美国教育界一直存在两种不同的声音：一种是约翰·杜威推崇的人本主义职业教育，倡导普职融合，推崇广义的职业教育理念；另一种是大卫·斯内登提出的以效率为导向的职业教育，认为职业教育主要为生产制造服务，与以提升能力素质为目标的普通教育有本质的区别。而美国职业教育前期的发展，主要是以效率为导向，这种观念受到"科学管理"思想影响严重，并未对从业者个人诉求给予足够的重视。90 年代后，新职业主义思想从欧洲传入美国，提倡职业教育要"帮助个体发展内在自我"，要"增加个体民主的成熟度"等，对美国职业教育思想的进一步发展产生了积极影响。

手段之三：促进从学校到工作场所的过渡学习。德国"双元制"职业教育的成功实施，引发了美国对以学校为基础（学校本位）的职业教育模式的思考。部分学者注意到美国的职业教育在对学生从学校到工作场所的过渡方面，缺少必要的设计。1994 年 5 月，美国颁布了《学校到工作机会法案》，分别对学校内开展的职业教育和企业开展的职业教育所承担的工作任务进行了界定。同时，划拨经费到地方各州推进职业教育由校园向工作场所的过渡。到 1995 年，美国已经有 27 个州获得了政府拨款。通过顶岗实习、订单培养和校办企业等方法，不仅教育模式发生了变化，培养学生实践动手能力也有了明显效果。

20 世纪 90 年代至今："生涯与技术教育"体系的构建。 20 世纪 90 年代，基于经济全球化趋势发展迅猛之态势，美国部分学者认为，在终身学习理念被公众日渐接受的大趋势下，美国的职业教育应该植入生涯发展的内涵，不仅要在横向上持续拓展技能知识的深度和广度，纵向上也要构建从初级职业能力到高级职业能力渐进的生涯成长路径。而另外一部分学者则指出，美国之前的职业教育改革，没有能够实现社会动态发展、职业生涯成长和个体持续进步的协调发展。由此，构建能够有效协调多方需求的职业教育体系，成为新一轮职业教育改革的主要目标。

方向之一：围绕地方产业需求，开发职业生涯课程。 开发生涯课程，既是美国构建"生涯与技术教育"体系的第一步，也是新时期美国职业教育改革的一大亮点。针对美国各地参差不齐的职业教育改革措施，美国政府呼吁全美上下开展目标一致的联合改革行动，要求学校及其他教育机构、地方政府、产业部门和企业开展密切的合作，以构建"广泛的生涯集群"为目标，联合开发适应本地发展需求的课程体系。目前，美国已经构建起了16个大型生涯集群，基本涵盖了经济社会发展的各行各业。

方向之二：构建区域性职业教育办学联合体。 为了解决职业教育改革过程中存在的盲目竞争、经费投入失衡等问题，美国政府采取了调整财政拨款的方法来鼓励教育机构协同办学，实现互利共赢。21世纪初颁布的《卡尔帕金斯生涯与技术教育法案》，主要鼓励职业教育机构组建联合体。2012年，美国政府又通过立法明确规定：以区域性办学联合体为单位，进行竞争性拨款。把资金优先划拨给能促进地方经济发展和学生职业生涯进步的职业教育项目。这一举措，为构建开放共融的生涯与技术教育体系，创造了有利的外部环境。

方向之三：完善职业教育的双向转学制度。 在美国，中学阶段后的职业教育，历来被认为是没有转学机会的终结性教育。为满足公众需求，政府开始将完善双向转学制度作为构建生涯与技术教育体系的重点。转学教育在全美迅速普及，多个州增设了应用型学士学位，并且将两年学制的应用型副学士教育与四年学制的应用型学士教育进行衔接，从而使美国的现代生涯与技术教育体系变得更加开放灵活。

2. 美国职业教育典型特征

树立终身职业教育理念。 终身职业教育是美国职业教育最主要的特征。强化这一教育理念的目的，是为了培养从业者的可持续提升能力。为了在全美范围内大力推广终身教育，政府将职业教育的称谓改为"生涯与技术教育"。美国适时提出终身教育理念，并且通过立法加以固化推广，通过构建适应地方经济发展的"生涯集群"培养人才，使得从业者可持续提升能力，职业能力也得到显著提升，这为各国职业教育的发展提供了重要的参考经验。

重视从业者个人职业发展。 由实用主义转向人本主义后，美国的职业教育价值取向从根本上发生了变化。具体来说，是由单一的服务国家经济发展转变为个人自我实现与国家发展进步的协调统一。在立法层面，美国政府出台《职业教育法》，将职业教育的主要目标由"满足经济社会发展需要"转变为"服务个体职业发展"，随后又进一步演变成"为了谋求个人发展和实现终身教育"。这一理念变化与升华，实际上更加凸显了职业教育的本质。

关注弱势群体职业能力培养。 补偿弱势，是美国职业教育立法最重要的宗旨。美国政府颁布了一系列关于解决弱势群体职业教育问题的法案，致力于提高弱势群体的职业能力。政府还通过立法强化对弱势群体在职业教育领域的保护，通过经济资助，实现教育公平。美国职业教育弱势群体包括老人、妇女、儿童、失业者、残疾人和少数民族等。通过为不同地区、不同特征的弱势群体提供帮助，增加他们获得职业教育的机会。

3. 美国职业教育存在的问题

虽然美国构建起了"生涯与技术教育"模式，将职业教育课程融入普通教育中，但职业教育课程标准和授课质量考评机制的受重视程度，还要远低于学术类课程。在国家教育改革中，职业教育改革仍然处于边缘化的位置。职业教育学分转换机制尚不完善，在中等职业学校取得的课程学分，还无法转化为中等后职业教育学分。另外，由于各州政府在职业教育方面具有很大自主权，导致国家与地方、地方与地方之间对发展职业教育存在各自不同的做法。不同机构对职业资格的认定标准也不一样（也根本不可能一样），导致行业为中等和中等后职业教育提供的职业资格认定，不能完全被其他机构认可。

四、美日德职业教育可借鉴的经验

1. 构建政府引导、产学研多方参与的职业教育新模式

应该说，美国、日本多方参与的职业教育模式，是很好的发展职业教育的范例。围绕学生素质培养、技能锻炼，吸引企业、学校、研究机构和社会团体共同参与，本身就是"让教育更加职业"的基本方向。由此，结合我国幅员辽阔、人口众多的基本国情，可以借鉴实施政府引导、各方参与的职业教育发展模式。这种模式，既可以搭建办学的多元化投资体系，以确保职业教育有充足的经费支持；也可以通过资源共享，将学生所学专业与对应的用人单位需求贯穿起来，以提升职业教育的针对性。另外，为激发发展活力，积极消除普通教育与职业教育之间的壁垒，实现高等教育与继续教育、学历教育与非学历教育、短期教育与全日制教育的有机衔接，可以为职业教育开拓更为

广阔的发展空间。总之,学历,不等于能力;唯有将学业领域拓展开来,能力提升才会坚实有力。

2. 构建与产业深度融合的职业教育体系

首先是强化国家层面的顶层设计,注重政府的宏观调控与指导。政府主导有方,是二战后日本职业教育发展的最主要原因,之所以如此,就在于:职业教育的首要目标,是促进行业、产业的发展。这是社会的主业,更是政府的主责。因此,政府一方面要从宏观层面进行指导,最好在立法层面有所突破,强化企业(产业)介入的积极性;另一方面,要从微观层面制定实施细则,提升"校企双制、工学一体"运作体系,既促使职业教育与产业发展高度契合,又协调各项政策精准落地,努力实现产业与职业教育的协调发展。另外,产业用人需求和职业教育培养目标的不匹配,是长期存在的现实问题,应该充分发挥好大数据、云平台等先进技术作用,建立全国联网的人才供需信息服务平台,在全社会范围内确立灵敏的供需关系,确保行业、企业、学校能获取最新信息,从而招聘和培养紧缺人才,提升就业质量与就业精准度。

3. 推进职业教育内涵化发展

一是树立终身职业教育理念,打造基于"学分"互通转学制度体系,促进职业教育与普通教育的深度融合;二是关注弱势群体,开展教育扶贫,实现教育公平;三是建立多元化职业技术资格认定体系,重视从业人员个人职业发展;四是坚持技能水平与培育人文素养并重,推进科学文化与人文素养均衡发展;五是开放办学主体权利,鼓励建设职业教育特色体系,鼓励人才队伍跨界融合,鼓励运用现代技术创新创造。

4. 推进职业教育国际化

教学相长，相得益彰。职业教育同样需要开放，并且越是开放，越能提升教育质量。因此，要积极学习借鉴国际先进经验，提高站位，实施职业教育课程改革，加快打造国际化课程体系。要充分利用"互联网+"技术，锻造精品线上职业教育课程，为国内外学生提供学习资源和渠道。强化国际合作力度，围绕国家"一带一路"建设需要，加强与各国政府、企业、学校的人文交流与合作，促进中外产业工人互学互鉴。总之，根据全球化人力资源发展需求，有针对性地开展职业教育培训，改进授课模式和授课内容，以国际标准设置专业、学科，从而更好地接轨国际化发展要求，是我国职业教育发挥战略支撑作用的重要途径，也是职业教育高质量发展的重要标志。

第三章
职业教育发展的传统性与现实性矛盾

党的十九大报告提出，我国社会主要矛盾已经转化为"人民日益增长的美好生活需要和不平衡不充分的发展之间的矛盾"。"社会主要矛盾转化给教育提出了新命题，认识和把握社会主要矛盾的转化，对于推动教育改革发展具有重大意义。"

我国职业教育，在努力满足人民群众日益增长的美好生活需求的同时，确实存在着很多较为严重的问题，积累了很多深层次的结构性矛盾。比如说，就职业教育而言，社会主要矛盾的转变意味着我国职业教育发展步入了新的历史阶段：人民期待更加美好的职业教育，而职业教育本身却处于不平衡不充分的发展状态。只有充分理解社会主要矛盾对职业教育发展的深层次影响，才能抓整改、除积弊、转作风、为人民，从根本上促进新时代职业教育与人以及社会的联动发展。

"不平衡不充分的发展"是供给侧的最新特征，它客观反映了社会整体的物质文化累积程度与经济社会发展程度。因此，推进职业教育供给侧结构性改革，培育创新发展新动力，对于进一步优化职业教育结构，扩大高职教育有效供给，提高职业教育对社会多元需求动态变化的适应性和灵活性，以满足人民群众日益增长的多元化需求，推动我国职业教育办学水平的整体跃升，无疑具有重要意义。

一、我国职业教育存在的主要问题

《国家职业教育改革实施方案》指出："与发达国家相比，与建设现代化经济体系、建设教育强国的要求相比，我国职业教育还存在着体系建设不够完善、职业技能实训基地建设有待加强、制度标准不够健全、企业参与办学的动力不足、有利于技术技能人才成长的配套政策尚待完善、办学和人才培养质量水平参差不齐等问题"。从供给侧结构性改革的内涵审视，我国职业教育领域主要呈现出"供给结构失衡、供给效率低下和供给质量不高"的问题，但从深层次角度看，这主要源于职业教育需求侧与供给侧之间的分离及市场供需不平衡、不协调，具体可以归纳为以下三个主要方面：

1. 人才培养质量评价整体性不高

伴随我国高等教育和职业教育的扩招，职业教育规模多年快速膨胀，这不仅让职业教育被看作"高考落榜生的收容所""托底教育""二流教育"，更让职业人才培养质量成为一个社会热议的公共话题，对教育质量的担忧和抨击也日益凸显，甚至出现了信任危机。这主要表现在以下几个方面：

第一，自20世纪90年代以来，我国通过合并、重组、联合等方式新建了一大批职业院校，不仅部分学校人才培养目标定位趋同、办学特色得不到弘扬、培养目标与办学理念落后于经济社会的现实需要，而且一些升格职业院校的教学条件、师资队伍等办学能力没有得到实质性改变，因而导致职业教育质量出现整体性缺陷，也让高等职业教育和普通高等教育之间的界限更明显。

第二，我国职业教育的主导形态依然是知识教学，偏重于知识的系统传授而忽视专业思维的培养，缺乏对先进人才培养模式的创新，轻视对现代人才素养培育的研究，培养出的学生普遍缺乏创新精神、创业意识和解决实际问题的能力，难以适应复杂多变、快速发展的信息社会，难以满足产业界对人才的多样化需求。"学历看似毕业，心理还没毕业"之教育效果，不仅加剧了职业教育与经济社会发展的脱节，也加剧了后期企业与社会继续教育的压力。

第三，由于一直缺乏规范统一的质量认证制度和评价体系，加之职业教育质量评价指标没有和世界接轨，导致我国职业院校出现了一种"宽进宽出"的奇怪现象，不仅严重影响了我国职业教育的整体质量及社会认可度，还显著削弱了职业教育在人力资源市场上的影响力。在我国经济社会转型发展的新常态背景下，面对经济全球化和"工业4.0"时代的到来，我国劳动力市场正在发生重大变化，这无疑会对职业教育形成冲击，也无疑会对职业教育的人才培养质量提出更高的要求。"宽进"是社会责任，"严出"是院校责任。怎样解决"宽进严出"之矛盾，职业教育必须担当作为。

2. 职业教育体系呈现结构性失衡

对应我国当前经济与社会的发展要求，职业教育在层次结构、布局结构以及专业结构等方面，要么存在"供不应求"的问题，要么存在"供不合求"的问题，不仅结构性失衡，而且"三教"体系比较落后。

第一，得益于我国经济社会发展，广大群众对优质教育的需求明显增强，而高端的职业教育资源、服务和知识产品供给却相对落后，高水平职业院校数量更是明显匮乏。尽管接受职业教育的学生越来越多，但他们对高层次、高水平、高质量的教育需求无法得到满足，而且还会因为优质资源的稀缺性和竞争性造成新的不公平矛盾。

第二，因受制于较为严格的政府管控，我国职业教育的人才培养机制、人才培养方式与社会需求严重脱节，没有及时跟进产业结构的调整升级趋势，对技术结构和就业结构缺乏有效把握，进而导致学科专业结构和培养方式、目标的扭曲，产生了大量与市场需求难以对接和匹配的无效供给，出现了结构性失衡现象，让就业困难成为日益显现的现实问题。这又反过来抑制了社会对职业教育的有效需求，进一步加剧了有效需求不足与大量无效供给同时并存的尴尬局面。

第三，我国职业教育大多沿袭旧有的高等教育理念、体制机制框架，基本是对存在的问题进行修补式改革，加上一直没有在体制机制层面打通职业教育上升贯通模式，让这种结构性矛盾成为职业教育持续健康发展的最大"瓶颈"。基于此，很多职业院校的志向在于"去职业化""升格为本科院校"，将精力更多放在按照本科院校设置标准达标上，缺乏对职业教育的特色培育，更缺乏对"学工一体"的改革动力。"干熟悉的专业，做熟悉的领域"，不仅成为难以改变的习惯，而且成为难以破解的积弊。如何通过供给侧改革，提升我国职业教育建设水平，切实消除结构性短缺和供需错配的问题；如何变"跟进"为"引领"，积极打造新学科、新业态、新组织、新的学习方式，等等，无疑是我国职业教育领域目前最艰难的挑战。

3. 院校管理体制存在制度性缺陷

不可否认，经过国家自上而下地推动，加上职业院校自身的改革发展，我国职业教育的整体水平已有大幅提升，走出了一条具有中国特色的现代职业教育发展之路，对我国经济社会发展做出了历史性贡献。但是，也必须看到，整体办学体制、评价机制、管理模式等与国际水准相比依然有较大差距，职业教育体制的核心尚未同国际接轨。不接轨，便无法发现自己短板；不接轨，便无法摆脱政策依赖。正是这些体制问题，严重制约了我国职业教育的整体可持续发展。

第一，长期以来，我们更多地看到了因经济发展和社会进步而带来的日益膨胀的社会需求对供给侧产生的压力，却往往漠视因职业教育管理体制自身的制度性缺陷而造成的对职业教育创造性发展的限制，进而从根本上弱化了我国职业教育潜在的供给能力。

第二，我们一直秉持的行政管理理念和管理模式，毫无保留地体现在职业教育领域，对职业院校的发展进行"家长式"的严格"看管"，从而导致职业院校不能根据社会需求的动态变化而自主调整资源配置、专业设置和人才培养方向。事实上，除了党建工作与意识形态管理必须放在首要位置，以"主体责任"落实到位以外，大凡学科设置、专业建设、业务拓展、运行机制等方面，都属于职业院校的主业范畴，也都应该以"放权减负"方式回归院校。

第三，与我国市场经济发展不相适应的是，职业教育的财政投入还具有明显的计划经济色彩。政府在职业教育投入方面所占的主导地位几乎无法撼动，而现有的政策和管理体制，不仅限制了非政府渠道的投入，而且让非政府办学主体走向边缘，这无形中加剧了我国职业教育资源短缺的程度。这就需要我们在积极借鉴学习发达国家先进经验的基础上，加快推进职业教育管理体制改革创新，通过系统性的政策调整和一揽子的简政放权，理顺职业教育的组织权与管理权，消除职业教育体制的"泛行政化"，以学科的社会贡献为主要扶持尺度，重塑职业教育价值方向，重塑政府对职业教育资源配置的权力和过程，让教育领域真正基于国家利益而形成合作共进的"共同体"。

二、我国职业教育面临的主要矛盾

从供给侧结构性改革提出的要求和方向来分析，我国职业教育所存在的问题，可以被归纳为：新时代人才培养需求与传统的人才培养模式、办学模式、发展管理模式等之间的矛盾。新时代职业教育之"践行观"，必须基于新时代人才培养需求来定位，这是大势所趋，更是历史必然。

1. 创新型技能人才需求和传统培养模式的矛盾

从发展逻辑来看，创新驱动的关键在于科技创新能力和技术应用能力，而驱动产业转型升级的重要力量在于高素质技术技能型人才的培养。职业教育与经济社会发展的关系最为紧密，它不仅是国家创新体系的重要组成部分，还是技术技能型人力资源培养的核心力量、创新活动的重要主体。

既然国家围绕高素质技术型人才的需求，对职业教育提出了历史性的高标准、高要求，那么，培养富有创新精神的技术技能型人才理应成为职业教育的新常态。然而，当前我国职业教育系统，依然处于服务于工业生产方式的范畴，并未及时转向服务于创新驱动的发展方式；无论是办学定位的调整，还是办学质量，都还远远落后于经济结构调整和优化升级的需要，加之普遍存在的教学方式比较陈旧、创新意识不强、创新导向评价机制缺位等问题，直接阻碍了批判性思维和创新性思维的培养，很难满足社会对创新型人才培养的需求。

归根结底，还是体制、机制问题。例如，目前我国职业院校与行业企业、市场社会在创新型技术技能人才培养方面并未真正融合，也很难真正融合，"产学研用"一体化机制与协同创新平台的建设也不完善，职业院校依然把自身当作人才培养的主体力量，缺乏向社会上具有创新力量的企业寻求支持的动力。企业也缺乏走进职业院校课堂、走近职业院校人才培养的动力，尚未建立产教融合贯通的培养制度。这就要求职业院校必须抛弃"关门办学"的观念，走出院校看院校、走进社会看院校，站在社会需求的高度来审视自己的短板。在此基础上，既要开展通识教育，更要注重博雅教育，还要引入更多的科学思维模式训练；既要加强创新性活动的开展，还要加强与先进创新型企业的联系，借助企业与社会力量，培养素质全面、适应能力强的创新型人才。

2. 职业院校同质化与教育需求多样化之间的矛盾

与我国经济领域的问题相似，职业教育系统仍然存在有效需求不足的问题，但主要矛盾或者说矛盾的主要方面在于供给侧，最主要的表现便是"来自社会的多样化教育需求难以被满足"。究其原因，主要在于我国职业院校存在严重的同质化问题。长期以来，我国职业教育领域一直存在分类与定位的雷同问题，导致职业院校将主要精力放在对占地面积、学生规模、专业门类、实训场地、科研经费等数量扩张的追求上，不仅使得我国职业教育体系出现了结构性扭曲和系统性过剩，而且使得各类职业院校趋于同质化发展，甚至表现为单一功能的恶性膨胀。

尽管国家明确指出"促进职业院校办出特色"，但是业已形成的结构性矛盾，既阻碍了职业教育系统的改革创新，也丧失了为其自发变革提供内生动力的多元化基础。实际上，这是目前我国职业教育改革发展最为明显的制约因素。这一问题，很大程度上源于市场竞争机制的缺失。由于长期面向政府办学，进而导致办学活力不够、组织结构趋同，进而造成职业院校的定位不准、社会适应性较差、市场对接性不强，甚至存在千校一面的现象。

不可否认，我国集中有限资源大力推动"国家示范高职院校"和"国家骨干高职院校"建设，在短期内让一批高职院校取得了较好的社会影响力，这种由政府强力推动的"分层式"高职院校建设是卓有成效的。但是，隐含其中的"身份固化"特征，让不同职业院校之间缺乏流动性和竞争性。另外，当前推出的"产教融合发展工程"和"中国特色高水平职业院校和高水平专业群遴选建设"（简称"双高"计划）等一系列内涵建设项目，在实践中基本定向于国家示范和国家骨干高职院校，这有可能会加剧职业教育资源配置的不公平，有可能既让某些职业院校缺乏在竞争的环境中塑造自身竞争优势和办学特色的动力，又潜在地进一步加剧我国职业院校的同质化现象。

3. 新经济发展方式与职业管理模式之间的矛盾

当前，我国经济不仅面临创新驱动不足、产业结构不合理等问题，而且来自供给侧的结构性、体制性矛盾，对我国经济构成了前所未有的下行压力。但是，也正是基于如此新常态，经济社会发展状态与发展模式正在发生截然不同的转变，落后的生产模式开始被迫退出，技术进步带动的创新型经济增长模式正在成为主流。而这些外部变化和约束，自然构成了我国职业教育发展的边界条件，不仅对职业院校的办学理念、政策制度的创新性及灵活性提出了更大的挑战，也赋予了职业教育更多的新使命，还让职业院校的生存发展环境也愈发复杂和多变。

事实上，新经济发展方式的最大看点，在于政府转变职能、再造体制机制并释放出"制度红利"，让政府在对市场主体的行为治理时"不缺位、不越位、不错位"，进而实现经济社会发展的再平衡。但是，我国高等教育管理体制改革一直都是一个硬骨头。目前所进行的渐进式教育改革，并未触及院校管理体制和管理模式等根本性问题，计划性体制机制依然根深蒂固，重构与经济新常态相适应的职业教育发展新模式及院校管理新模式，继续面临巨大的挑战和压力。

因此，对比我国政府加快推进"新常态"下创新型经济增长的决心，我们对职业院校管理体制进行彻底改革的决心和努力还有待增强，很多创新性的院校改革和探索还需要进一步有效推进。可以说，按照创新驱动发展要求，变革职业院校管理模式，有效激发职业教育内在创新活力，使之更加有效地培养技术技能人才，已经成为当前的首要问题。而其中的核心问题在于——赋予职业院校更多的办学自主权，充分发挥市场在资源配置中的决定性作用，促使职业院校灵活把握各种发展机遇并应对来自外部的挑战。如此这样，才能促使我国职业教育体系真正实现高质量发展。

第四章

"新时代"职业教育应该改革与调整的方向

新时代职业教育，是在习近平新时代中国特色社会主义思想指导下的职业教育，是与社会培训相融合的职业教育，是实现高质量发展的职业教育，是服务国家战略、重视百姓民生关切的职业教育，是统一管理、多元办学的职业教育。如此高标定位，如此使命要求，需要我们必须以更高、更长远、更宽广的视野，来谋划职业教育发展。

《国家职业教育改革实施方案》明确指出，要"完善职业教育和培训体系，优化学校、专业布局，深化办学体制改革和育人机制改革，以促进就业和适应产业发展需求为导向，鼓励和支持社会各界特别是企业积极支持职业教育，着力培养高素质劳动者和技术技能人才。"职业教育需要改革，改什么、怎样改？职业教育需要调整，调什么、如何调？其实，认真研读国家的文件，科学研判职业教育的现状与未来，我们可以有一些基本的判断。

一、职业教育改革，要改办学体制

改革，通常是指改掉事物中陈旧的、不合理的部分，使之合理完善、更加符合需要。职业教育改革同样如此，改革的重点主要集中在办学体制和育人机制方面。对此，《国家职业教育改革实施方案》指出，"经过5~10年左右时间，职业教育基本完成由政府举办为主向政府统筹管理、社会多元办学的格局转变，由追求规模扩张向提高质量转变，由参照普通教育办学模式向企业社会参与、专业特色鲜明的类型教育转变。"

改革职业教育发展格局，就是要大力推动产教融合、校企"双元"育人体系。产教融合是职业教育的本质要求，也是区别于普通教育的本质特征，是现代职业教育发展的主要方向。党的十九大报告指出，构建现代职业教育体系，必须进一步深化校企合作，扩大产教融合的力度。这既是国家对当前职业教育改革发展的方向性要求，也是实现我国职业教育高质量发展的真正动力。2017年《关于深化产教融合的若干意见》指出，产教融合政策是中国职业教育改革以及人力资源开发的基本制度体系，由此充分肯定了产教融合在现代职业教育体系构建以及职业教育改革中的重大意义。对于我国这样一个人力资源大国而言，培养高技能人才是适应产业结构转型升级的基本要求，通过产业结构调整与职业教育的结合、合作以及融合，对于提升我国高技能人才培养质量无疑具有现实价值。

在产教融合发展中，企业的参与极为重要。强化企业在产教融合中的主体作用，提升企业参与深度，是构建产教融合平台的基础与保障。就此，我国《职业教育法》已经明确规定，企业应该积极履行参与职业教育的义务，通过多种渠道参与到职业院校的办学、教学及决策体系中。如今，我国正在大力推进"放管服"改革，推进职业教育的"管办评"分离，不断深化职业教育的产教融合。这无疑可以促进职业教育办学主体多元化，提升企业参与职业教育办学力度，进而加快职业教育现代治理体系的现代化。产教融合，就是要发挥企业在职业院校专业设置、教学过程、教材开发、教学设计、实习实训等方面的主导作用，就是要通过"双元""双制"形态以及利益共同体等形式，逐步完善校企合作机制。产教融合的更高层次，是产教一体。校企合作的关键在于，载体方式的选择，要具有长期性；项目方面的选择，要具有兼容性；运作方面的选择，要具有互动性。

职业教育，说到底是以教学及技能训练为主的教育模式。所以，要提升职业教育教学质量，就必须要密联行业、密联企业、密联工种、密联岗位，将产教融合落实到课堂之中，落实到具体的教学过程之中，使产教融合成为推动职业院校教学改革的基本动力。这就是需要职业院校发挥主体作用，加快教育教学观念转变，密切跟踪新经济、新业态、新技术、新发展带来的新影响，围绕校企合作、工学结合的基本要求制定推进产教融合的实施措施、方法路径；要推进办学体制改革，对接产业需求创新专业设置，抓住"新工科"带来的专业新变化，形成以需求导向为基础的人才培养模式；要不断优化师资结构，提升教师应对产业需求的专业发展水平及能力的敏锐性；要积极面向市场，对接市场需求，明确自身的办学定位、内涵以及办学特征，积极推进定向生规模培养，提升精准服务市场的能力。

总之，产教融合、校企合作、工学结合，是职业教育基本的办学模式及人才培养方式，也是提升高技能人才创新能力的基础，更是促进现代职业教育体系建立的关键。面对社会环境的变化以及产业、技术升级的需求，全面提升产教融合力度与水平，是提升职业教育发展质量的重要保障。

二、职业教育改革，要改人才培养体系

职业教育人才培养体系的直接体现，就是专业人才培养方案。专业人才培养方案，是组织开展教学活动、安排教学任务的规范性文件，是实施专业人才培养和开展质量评价的基本依据，其重要性不言而喻。可是，既有的专业人才培养方案，虽然在特定的时期内和一定的地域范围内，对于推动我国的产业发展和经济腾飞发挥了积极作用，但其时代性特征在新的技术变革和产业转型中日渐模糊。现代职业教育，是面向职场的专业与素质教育，因此，作为人才培养方案的重要组成部分之课程体系，只有对接职场需要、跟上技术发展，才有社会价值。

变化，是永远不变的时代主题；变革，是永远不变的发展动力。试想一下，很多职业院校都搞过精品课程建设，但有多少精品课程是坚持能力本位对接职业标准的？有多少精品课程是随着产业发展得到及时更新的？实际上，很多精品课程都是一劳永逸的面孔，对于"面向市场、服务发展、促进就业"发挥不了多大作用。因此，紧跟时代步伐，适应产业发展需要和技术变革要求，及时对专业人才培养方案做出调整，是必须的、必要的。

从宏观角度讲，专业人才培训方案调整，要落实立德树人根本任务，坚持面向市场、服务发展、促进就业的办学方向，健全德技并修、工学结合育人机制，构建德智体美劳全面发展的人才培养体系；要突出职业教育的类型特点，深化产教融合、校企合作，推进教师、教材、教法改革，以教材改革促教法创新，以教法创新促教师提升，以教师提升促教材、教法落地，规范人才培养全过程，加快培养复合型技术技能人才。

从微观角度讲，建立适应产业升级和经济结构调整需要的专业人

才培养方案，要准确把握职业教育"类型教育"的本质属性，彻底改变以往"学历为主、能力从之"的教育形态，坚持育人为本，实现全面发展，坚持传授基础知识和培养专业能力并重，强化学生职业素养养成和专业技术积累，将专业精神、职业精神和工匠精神融入人才培养全过程。处理好公共基础课程与专业课程、理论教学与实践教学、学历证书与各类职业培训证书之间的关系，整体设计教学活动。紧跟行业发展趋势和行业人才需求，建立健全行业、企业、第三方机构等多方参与的人才培养方案动态调整机制，强化教师参与教学与课程改革的效果评价机制，做好人才培养质量评价与反馈。推动专业建设与产业转型升级相适应，建立紧密对接产业链、创新链的专业体系，每年调整一次专业设置。考虑到，同一个专业可以面向不同岗位需求，同一个岗位需求需要不同领域的专业知识和能力，因此要逐步淡化专业界线，实施跨界授课，实现跨界培养。建立职业教育研究体系，开展产业研究，了解产业需求，跟踪技术进步，对接就业岗位。科学设置专业课程，实现教学过程与生产过程真正对接，将职业技能等级标准有关内容融入教学课程。

三、职业教育改革，要改人才培养模式

人才培养模式，简单说就是为实现人才培养目标和培养规格，在实施人才培养方案过程中所采取的方法和手段。

改革人才培养模式，关键是教师、教材、教法的改革，即所谓"三教"改革。教师在职业教育中的重要作用是不可替代的，改革人才培养模式起关键作用的就是教师。要加快"双师型"教师队伍建设，建立"双师型"专业发展激励政策、梯次政策，全面推进教师"五力评价"，使教师能力结构能够适应现代职业教育的发展需求。

对于教材，作为行业职业院校要发挥引领作用，加大自编教材比例，建立自成体系的自编教材库。所有院校都要树立广义教材理念，一切有助于提高学生的知识水平和能力水平的素材皆可视为教材；强化"积件"思想，倡导使用新型活页式、工作手册式教材并配套开发信息化资源。关于教法，总结推广现代学徒制试点经验，普及项目教学、案例教学、情景教学、模块化教学等教学方式，广泛运用启发式、探究式、讨论式、参与式等教学方法，推广翻转课堂、混合式教学、理实一体教学等新型教学模式，推动课堂教学革命。

改革人才培养模式，就是要在普遍意义的基础上，强调其特殊性、特色性，体现其服务企业发展，密联行业、密联企业、密联工种、密联岗位的定制性。职业教育是"职业为基、教育赋能"，而互联网、云计算和大数据等又很容易将职业教育的形态进行放大深化，将职业教育的赋能功能变得更为强大。况且，职业教育的效果归根到底要获得行业认可，而行业认可的关键因素在于培养的技术技能人才能否满足行业的发展需要。因此，职业教育的评价载体是行业，行业的需求与标准才是职业教育的追求对象。因此要持续加强专业目录、专业教学标准、课程标准、顶岗实习标准、实训条件建设标准建设，努力做到专业设置与产业需求对接、课程内容与职业标准对接、教学过程与生产过程对接，确保学校培养人才的类型、层次、特点和产业发展、社会发展高度契合，满足不同地域、行业、专业对人才的个性化需求。

突出人才培养模式的定制化方向，应该着眼于未来。我们应当立足长远去看待人才培养，基于20年以后的企业发展去思考，基于20年以后的中国变化去思考。育树尚且十年，育人岂在一时。20年以后的中国将用什么样的生产力？20年以后的企业会用什么样的劳动力？基于这样的技术技能人才需求，职业教育的人才培养模式应该做出怎样调整？需要做好哪些前期、中期准备？只有把这些问题思考清楚到位，我们的人才培养模式才能因时而变，在调整变化中为国家、社会、行业培养出高素质的技术技能人才。

改革人才培养模式，必须坚持面向人人，开展适合性教育，相信人人有才、帮助人人成才。坚持有教无类、因材施教，面对学习基础参差不齐的学生，按照"目标多样、路径多条、自主选择、因材施教"的原则，适应多样化的学生基础水平和职业生涯目标，为学生提供多样化的成才通道，努力让学生学得好、站得正、行得远，体现职业教育服务大众需求的根本宗旨。

四、职业教育改革，要调整对定位的认识

职业教育是党和国家教育事业的重要组成部分，是保障和改善民生的重要基础性工作，在实施科教兴国、人才强国战略中具有特别重要的地位。国家陆续出台的职业教育改革相关政策，不仅将职业教育在教育领域提高到前所未有的高度，而且在经济社会发展大局中的定位，也提升到前所未有的高度。

职业教育是高技能人才成长的摇篮，是"产业之根"，根强，方能苗壮。我国正处在推进产业转型升级、实现新旧动能转换的关键期，推动高质量发展、壮大实体经济，关键是要有一大批高职业素养的产业工人作支撑。从国家电网有限公司的发展来看，作为世界500强中国品牌第一企业，能否持续保持领先优势，靠的是事业的发展，而事业发展最终落脚还是靠人才。虽说人才的归类具有多面性、多层次等特点，但其中职业技术技能人才是需求量最大的。特别是在新一轮技术革命与数字革命相融并进的大背景下，"大云物移智"等新技术广泛应用，新业态、新业务、新模式竞相发展，新时期产业工人队

伍建设改革方案落地实施，都无疑会对职业技术技能人才的培养提出越来越高的要求，同时也为职业教育发展提供了难得的机遇，职业教育正面对着一片广阔蓝海。

职业教育关乎民生，在服务经济发展、促进就业创业中承担着重要职责。帮助广大青年掌握一技之长，为他们进入工作角色奠定基础，实现更高质量和更充分的就业创业，是职业教育最重要的任务。特别是，职业教育天然具有扶贫和阻断代际贫困的功能，通过大力发展职业教育，可以助力脱贫攻坚战，有效减贫脱贫，帮助保护弱势群体，推动经济社会发展。这方面有一个很好的案例。国网湖南公司将供电服务职工定向招生培养与精准扶贫相结合，根据贫困地区乡镇供电所缺员情况，制定招生培养工作方案，将招生计划分配到贫困县，由长沙电力职业技术学院通过高考面向全省51个贫困县定向招收考生，在专科提前录取。考生通过为期三年定向培养，毕业成绩合格后，直接聘用到家庭所在地供电服务公司、供电所工作，既帮助建档立卡贫困户学生稳定就业，又为贫困、偏远地区供电所培养了一支"会干活、留得住"的供电服务队伍，职业教育的定位和功能得到了生动的诠释。

五、职业教育改革，要调整师资队伍结构

职业教育所有的改革、创新都离不开教师，教师是职业教育极其重要的一环。职业教育的本职是以提升职业能力为导向，目标是培养掌握必要的基础理论和专业知识，具有较强的实践能力和操作技能，能够胜任相关职业岗位要求的高素质技能型专门人才。这就要求教师在教学过程中应该贯彻"能力为本"思想，充分体现鲜明的岗位针对

性和实用性,与此相适应,教师必须具备较高的职业素质,既有深厚的理论功底,又具有较强的实际运用和动手能力。"双师型"是职业教育师资的显著特征,是职业教育对专业课教师的必然要求。

《国家职业教育改革实施方案》第十二条提出了多措并举打造"双师型"教师队伍的若干措施,其中最重要的举措是"从2019年起,职业院校、应用型本科高校相关专业教师,原则上从具有3年以上企业工作经历并具有高职以上学历的人员中公开招聘,特殊高技能人才(含具有高级工以上职业资格人员)可适当放宽学历要求;2020年起,基本不再从应届毕业生中招聘"。可以说,这是我国职业教育师资队伍建设政策的大转折,是从源头上抓好职业教育的关键,具有十分重要的现实意义和历史意义。

一是对"双师型"教师队伍建设给予了政策支持,要求今后职业院校招聘的相关专业教师,应当同时具备理论教学和实践教学能力,也就是说,进入职业院校的专业教师必须是"双师型"教师。这表明政策瓶颈已经解除。二是打通了职业院校加强"双师型"队伍建设的通道,比如,在职业院校实行高层次、高技能人才以直接考察的方式公开招聘。建立健全职业院校自主聘任兼职教师的办法,推动企业工程技术人员、高技能人才和职业院校教师双向流动。这表明管理瓶颈已经解除。三是拓展了"双师型"教师队伍的培育途径,比如,加强职业技术师范院校建设,优化结构布局,引导一批高水平工科学校举办职业技术师范教育。这表明现实矛盾已经破解,通过举办职业技术师范教育,从"培养"入手解决职业教育的专业教师问题。四是为职业院校自身培养"双师型"教师提出了方向,比如,探索组建高水平、结构化教师教学创新团队,教师分工协作进行模块化教学。这表明运作方式已经改变,就是通过构建"双元结构教师小组"模式,探索专业理论教师与专业技能教师的合作教学,进行模块化教学,实现"双师型"教师的教学要求。

但是，我们要清醒地认识到，"双师型"教师队伍建设绝非一蹴而就，还有很长的一段路要走。我们要坚持"双师型"队伍建设不动摇，加强与企业的深度交流沟通，通过教师到企业挂职锻炼，引进项目制、周期制兼职培训师等措施，通过"多维度评价"的日积月累，加快"双师型"教师队伍培养。同时在人事制度、分配制度上，要引入激励机制，让"增量"高品质，让"存量"快转型，并持久体现政策的导向性和激励性，唯有如此，才能加快专业教师向"双师型"转化。

第五章

类型教育不在于内化，在于跨界业化

职业教育终于成为被认可的一种"类型教育"，既是一种理念突破，更是一种本质回归。那么，职业教育为什么是类型教育，又有哪些鲜明的特征？就此，虽然专家学者见仁见智，但是，我们认为"跨界+业化"才是类型教育的关键特质。

一、为什么职业教育是"类型教育"

长久以来，提到职业教育，始终给人的感觉就是"二流教育"，是普通教育的"淘汰版"；学生是学习不好的学生，老师是能力不强的老师，学校是水平不高的学校；而很多效益、规模较好的企业，也往往将本科学历作为录取的基本条件，便更加推进了这一偏差认识的社会性。

社会对职业教育的认知偏差，导致很多人对职业教育避之不及，也反过来导致职业教育长期处于从属地位。实际上，让更多的孩子能上学、上好学，职业教育是很好的载体，并非普通教育就是唯一选择。"职教20条"关于二者具有同等重要地位的突破性论述，是国家对职业教育地位的再一次肯定，充分表明了职业教育在培育工匠精神和高素质技术技能人才方面，有着普通教育不可替代的独特地位。不仅有利于改变人们对职业教育的传统认知，也一定会为职业教育的大发展、大提升起到明显的推动作用。

实际上，职业教育有着明显区别于普通教育的鲜明特点，我们不能用简单的思维来应对职业教育，也不能以固守的认识来看待职业教育，特别不能让简化机制赋予意义，进而来认识、教育和传导，这会让职业教育淡化本色、失去活力。在培养目标上，普通教育是以知识、认识为目标，职业教育是以就业、工作为目标；在培养方式上，普通教育重视的是为学生搭建完整的知识体系，职业教育重视的是为学生培养良好的职业能力；在课程设置上，普通教育基于经典的知识原理，职业教育基于企业典型的工作过程；在教学模式上，普通教育更多地依靠课堂教学，职业教育更多地依靠实践教学；在教育主体上，普通教育是以学校为主开展教育活动，职业教育则需要学校、企业协同开展育人活动。

需要指出的是，随着终身学习理念的不断推广，职业教育本身并不仅仅局限于获取学历，也包括职前职后、失业再培训等业务内容。与普通教育相比，职业教育更加开放化、灵活化、多元化和个性化。开放化主要体现在教育对象和内容的开放；灵活化主要体现在学习形式、学习场所的灵活；多元化主要体现在办学主体和办学形式的混合多元；个性化主要体现在对学生、员工和企业三个对象提供不同内容的学习服务。职业教育将成为面向所有年龄群体、产业层次，与整个经济和社会联系最紧密的教育类型。

但遗憾的是，很多职业院校对发展职业教育的宏观战略与职业教育的本质认识不清，盲目追随研究型高校发展方向，将扎实的理论基础知识学习看作是职业生涯长远发展的必要条件，以科研成果和科研论文数量考核老师，将培养学生实现"专升本"作为了重要的教育成果，专业设置不精准，重视传授认知性知识，忽视实践与操作技能，以培养公务员、科研人员的普通教育方式培养大国工匠，出现了"有人无市"和"有市无人"的尴尬局面，造成了毕业生社会认同率较低、不受企业欢迎的局面。同时，不重视产业发展和企业需求，没有将开放办学、服务社会的思想贯彻到办学理念中，仅仅聚焦学生的培养，忽视社会当中产业、企业在岗人员的培训需求和业务需要，造成了教育业务单一、经费来源单一，发展动力相对匮乏。

在我们看来，国网技术学院属于企业本位的职教模式，而国网系统的高职院校，同时也是相关单位的技能培训中心，属于"学校+企业"综合模式，因此，我们很容易解决学历教育与企业培训的融合功能，也很容易通过职业能力评价体系组织实施。这是我们的特色，也是我们的优势。而目前所缺乏的是：我们本身的专业，没有纳入到现代农业、先进制造业、现代服务业、战略性新兴产业等国家鼓励的科目中。实际上，既然国家电网公司全球领先、电力技术全球领先，加之泛在电力物联网战略落地，就需要我们对有关专业方向进行提升，进而纳入到国家鼓励科目当中。这需要顶层设计，也需要统一谋划。

二、职业教育应该培养什么样的人才

职业教育的培养目标具有明确的就业导向，就是紧紧围绕产业与生产一线的所需、所用开展教育活动。就此，国家《现代职业教育体系建设规划（2014—2020年）》明确提出，"系统构建从中职、专科、本科到专业学位研究生的培养体系，满足各层次技术技能人才的教育需求，重点培养掌握新技术、具备高技能的高素质技术技能人才"。何为技术型人才？技术型人才是在生产一线或工作现场从事为企业谋取直接利益的工作，把企业的设计、规划、决策加以实施或实现。何为技能型人才？技能型人才主要依赖操作技能进行工作，各种操作型、技艺型的技术工人都属于这类人才。因此，技术型人才强调具备特定岗位的操作能力、相应技术理论知识、分析解决问题的能力和创新意识；技能型人才则强调精通特定岗位上的操作能力。此外，还要将立德树人贯彻整个职业教育，这是"总开关"，更是"助推器"，只有引导学生树立正确的人生观、价值观和劳动观，培养良好的职业道德，才能促使他们成为合格的社会主义建设者和接班人。

国际上，关于职业教育的培养目标也引起广泛研讨，达沃斯世界经济论坛在2016年指出，受第四次工业革命的影响，7岁以下的儿童未来从事职业的65%为新生职业。特别是受自动化、机器人、人工智能技术的影响，未来单纯、反复作业的岗位将会减少，运输、服务、零售、制造、建筑等关联职业预计会产生较大变化，而教育、法律、商业管理、金融、计算机等关联职业受影响较小。未来由于产品、技术更新速度日益加快，人工智能、机器人的高度发达，为避免产生大规模失业现象，教育应避免传授单纯的知识和技术，而要聚焦培养学生的创新力和问题解决能力。此外，还有国外学者认为，在这个知识爆炸的时代，知识的更新迭代不超过10年，现有教育体系下的新知识与新技术因滞后效应，已落后于生产现场，也就更加难以将未来工作岗位上所需的新知识、新技术准确传授给学生。因此，对于职业教育来讲，比传授知识与技术更重要的是培养学生能够在未来职业生存的关键核心能力，即知识和技术应用能力、创新能力；社会生存的关键核心能力，即交流沟通、人际关系等，以及社会伦理道德。

由此可见，不论国内国外，随着科学技术特别是人工智能的发展，职业教育人才培养目标的聚焦点在于：培养学生的创新力、问题解决能力，以及技术应用等职业能力和道德素养，并通过专业间的交流和融合产生新价值。应该说，这是直接对接未来工作现场和社会生存的基本能力，也与我国知名教育家陶行知的"生活即教育"的理念，以及黄炎培提出的"谋个性之发展，为个人谋生之准备，为个人服务社会之准备，为国家及世界增进生产力之准备"的职业教育思想不谋而合，更加凸显了职业教育是与社会经济、个人发展联系最紧密的类型教育的特点。因此，职业教育的培养目标一定是以就业为根本目的，紧密围绕产业和岗位的职业需求，培养"职业人"。不以培养"职业人"为目标的职业教育，就是不"职业"的教育，就一定不是好的职业教育，这一点将在本书第二十章详细论述。

三、如何实现职业教育的培养目标

如何办好职业教育，即如何实现职业教育的人才培养目标？早在1926年，黄炎培在《提出大职业教育主义征求同志意见》中指出："一、只从职业学校下功夫，不能发达职业教育；二、只从教育界下功夫，不能发达职业教育；三、只从农、工、商职业界下功夫，不能发达职业教育"。也就是说，职业教育跨越了教育与产业、学校与企业、理论与实践、职前与职后的边界，必须跳出职业教育看教育，跳出职业学校看学校，跳出学生培养看培养，用跨界的思维来抓职业教育，抓学生培养，通过跨界融合来打造高品质的职业教育，进而实现人才培养质量的跨越，更好的服务社会发展。具体而言，职业教育的跨界性主要体现在五个方面：

一是在培养需求上，教育与产业的跨界。职业教育，既是基于"公共属性"的类型教育，也是基于"公益属性"的类型教育。这主要表现在，职业教育服务的主要对象是社会各类产业，职业教育的主要职能是通过教育人、培养人、塑造人，为社会各类产业输送大批量的高素质技术技能人才。而社会各类产业需要，只有通过不断引入大量符合生产需要的技术技能人才，才能铸就核心竞争力，进而保持产业稳定与发展。由此可见，两者的共同的聚焦点是人，或者说是职业人。也只有聚焦技术技能这个汇集点，通过专业设置与产业需求、课程内容与职业标准、教学过程与生产过程的"三对接"，才能从根本上实现职业教育与社会产业互补、互通、互融。

二是在育人方式上，学校与企业的跨界。学校与企业，本是两种泾渭分明的组织：学校是聚焦于育人，企业要追求利润。而在培养技术技能人才方面，学校与企业，不是分离而是走近，也只有两者的协力合作，才能实现"工学结合、工学一体"的目标。实际上，学校擅长的是知识的传授奠定知识基础，企业可以提供实际现场的真场景和真技术。一个是根基，一个是现实；一个是储备，一个是提升。而"双主体育人、联合培养"，就院校主体而言，可以精准把握企业生产一线的人才需求，弥补自身教育与生产现场需求脱节的现象；就企业主体而言，可以利用资源和技术而关口前移，实现知识渗透、价值连接，进而接收"招之即用"的人才队伍，既节省人才培养时间和费用，又提高人力资源效益。

三是在教学方式上，理论与实践的跨界。理论知识的培养主要依靠课堂教学，注重知识的逻辑性、体系性和完整性。而实践主要是走出课堂、走进现场，学技能、学关键、学流程。总之，职业教育更多的是聚焦于技能和技术，而技术技能的培养，必须在"做中学、学中做"，大力推广基于工作任务驱动、工作项目导向、工作流程展现、工作标准解释的"做教学"一体化情境教学模式。既要通过理论教学，培养良好的知识和道德素养，奠定实践教学的基础，又要通过实践教学，采用任务驱动、项目引导等教学方式，深入生产现场，了解现场实际，验证理论知识的学习成果，掌握生产现场的必要技能，达到知行合一、学用结合的要求。

四是在知识体系上，多专业的跨界。现今，企业的生产形态，主要是系统化、流程化、机械化、信息化。由此，对于企业员工而言，要想完成一项生产任务，除了必须掌握产品本身专业知识外，还需要懂得信息、机械、管理等大量非专业知识。大部分的工作性质是"知其然，而不知其所以然"，大部分的管理状态是"按系统、分层次、程序化、责任制"，这就需要了解系统的工作流程，而不需要深究其结构；了解具体环节的管理标准、工作标准、工艺标准，而不需要深究其原理。因此，在知识体系构建上，要更加突出复合型知识体系的培养，可以不精通，但要有了解，这样才能更好适应复杂的工作现场。

五是在学习类型上，学历教育与终身教育的跨界。以往的学历教育是"毕业就是终结"。但是随着知识的快速迭代，随着生产现场设备设施的不断更新，"学生"要想转化为"员工"，必须经历"学员"之过渡环节，也就是通过岗前培训，倒逼他们能力升级。

实际上，国家大力提倡职业教育终身化，就说明：职业教育不再是学校内一次性、脱产式学习过程，而是贯穿于人的整个职业周期，与成人继续教育相衔接，是面向人人的教育，是关注人人的教育，是发展人人的教育；是一个能够向所有青年和成人提供全方位、多层次、多专业、立体化的再学习、再教育、再提升的平台。终身学习一经成为一种必然的历史趋势，无论是从业中的就业者、择业者，还是离开工作岗位的退休者，渴望终身学习不仅仅是自身的需求，也是人工智能社会的一种生活方式。科技进步周期不断缩短，新知识新技术不断出现，成果转化应用速度一日千里，要求人们知识结构不断重塑，各种知识需要不断整合。生活在人工智能社会，如果不具备持续学习的能力，不具备知识自觉更新的能力，就不能适应发展变化中人工智能赋能新时代的生产和生活，不仅失去了就业择业的机会，而且也弱化了幸福便利生活的能力，因此建立和完善终身学习的学校体系、培训体系、课程体系、能力再造体系显得十分迫切。

目前，国际上特色鲜明的职业教育体系，如德国"双元制"、日本"产学合作"、美国"合作教育"和澳洲"TAFE"模式，均高度契合本国的产业发展、教育模式和文化根基，基于未来竞争的跨界特征也更加明显。我国职业教育经过几十年的发展，也已逐渐走出了一条"产教融合、校企合作、工学结合、知行合一"的中国特色职业教育发展道路。在办学主体上，1418所高职院校中，75%以上为公办学校，25%为民办或企业办学，虽然国家仍然是职业教育的主要力量，但是民营学校与企业办学也正在发挥作用，成为职业教育的重要组成部分。在政策支持上，自"职教20条"发布后，国务院办公厅又印发了《关于对真抓实干成效明显地方进一步加大激励支持力度的通知》，将职业教育列入加大激励支持力度的重点内容；教育部等六部门又印发《职业学校校企合作促进办法》，为推进产教融合、校企合作提供制度保证。目前，在政府的大力主导下，深化产教融合、校企合作工作，不仅覆盖了一大批高等职业教育学校，而且融合之方式、合作之成效也硕果累累，大有百花齐放百家竞进之趋势。

据统计，2018年，有4816家企业参与现代学徒制省级以上试点专业人才培养。参与现代学徒制教育部试点单位558个，涵盖1000多个专业点，合作企业2200多家；参与现代学徒制省级以上试点院校644所，试点专业2130个。校企联合开发现代学徒制人才培养方案2251个、课程标准13332个，企业兼职教师年校均授课量为6489课时，受益学生13.7万人。深圳职业技术学院与华为企业认证标准深度融合，课程互嵌共生、校企双育，探索形成了"课证共生共长"模式，获得了2018年职业教育国家级教学成果特等奖。

另外，在校企合作模式的推广中，政府的引导与大力扶持的作用也不可忽视。常州市创造性推动政策在高职园区落地，推动由政、行、企、校共建共享的近20个产教融合实训基地和技术创新公共服务平台，为高职园区的院校建设降低土地出让费、免收建设规划费、全额返还老校区资产置换的地方收益，累计减免费用超过50亿元。为支持深圳职业技术学院的发展，深圳市给予了大量的财政补贴，生均财政拨款39700元，生均企业经费补贴3597元，期间兼职教师财政专项补贴200万元，并为高层次人才引进提供配套政策。

同时，部分高等职业学校也充分发挥职业教育资源和专业优势，积极向社会、企业提供培训服务。2018年，全国高等职业院校向社会成员培训的到款额累计超过50亿元，其中130余所院校超过1000万元。我们依托国家电网有限公司央企产业背景、嵌入央企队伍建设，建立"职前职业培训+职后终身培训"的模式，年培训量突破3万人，年培训教育收入达到4亿元以上，获得国家技能人才培育突出贡献单位奖，很好地践行了"育训一体"的发展模式。

四、职业教育新业态的探究

跨界在于"业化"，意味着新的业态的产生。比如说，随着人工智能、自动化技术的发展，随着老龄化引起的就业人口持续衰减，以及随着全球化带来的更加细化的专业分工，大量职业会被代替乃至消亡，这是必然趋势。但是，更多的新专业、新职业、新业态也会应运而生。这就决定了职业教育的总体需求不但不会衰减，反而因为更加专业化、精细化职业的诞生，进而产生更大的需求。比如，根据澳大利亚政府的分析，到2025年澳大利亚南部地区三分之二的职业会需要上岗资格证，企业对熟练工人的需求持续上升，更需要职业教育发挥连接生产现场的重要作用。

因此，未来职业教育的新业态，一定是由公平高效的政府指导、高水平的职业学校、具有竞争力的企业、优秀的"双师型"教师队伍、具有良好学习能力的学生，以及业务出色生活幸福的企业员工共同组成。在政府、产业、教育等各个领域的跨界与融合中，在企业、学校、学生等各个教育主体的跨界与融合中，在学历教育、职业培训、终身教育等各种教育方式的跨界与融合中，在理论知识、作业流程和道德素养等各种学习要素的跨界与融合中，形成新的"业化"体系，也一定会形成以企业学校共建为主导，在政府指导与支持下，聚焦生产流程与职业生存能力培养，"德技双育""工学结合""育训一体""知行合一"的终身职业教育新业态。

第二部分

职业教育要素化建设特征

回顾历史，借鉴先进，在明确新时代职业教育是类型教育的基础上，我们更要思考的是，新时代是否赋予了职业教育根本属性新的内涵，新时代的职业教育究竟有哪些特征要素？如何才能建设新时代的职业教育？这些都是由理论到实践的关键课题。

第六章

职业教育的根本属性

　　教育工作之本质,在于凝聚人心、完善人格、开发人力、培育人才、造福人民。职业教育是指在一定基础教育的基础上,为适应某种职业而进行的专业知识、技能和职业道德教育,使受教育者成为社会职业所需的应用人才。职业教育有其他各类教育共有的基本属性,也有其本身所固有的、比较稳定的根本属性。职业教育的根本属性决定它成为国民经济和社会发展的重要组成部分,渗透在各个社会活动领域里;与人才培养、劳动者素质提高、生产力发展以及整个社会的文明与进步息息相关、紧紧相连。特别是随着知识经济时代的蓬勃发展,也决定了它将显示出越来越重要的作用,处于事关全局的战略地位。所以,发展职业教育,必须弄清楚职业教育的根本属性。

一、职业教育的主要特征

1. 以职业定向为目标

　　职业教育的培养目标具有职业定向性。培养目标是人才培养的总原则和总方向，职业教育以社会需求为目标、以培养技术应用能力为主线设计培养方案，培养目标具有服务于特定职业岗位群或技术领域的强烈针对性。也就是说，职业教育的本质，在于"以提升职业能力为导向"，职业教育培养的不是"通才"，而是具有综合职业能力、胜任某一具体岗位的专才，是在生产、建设、管理、服务一线的高质量技能型专门人才，具有从事本专业实际工作的全面素质和综合职业能力。这是一种具有明确职业价值取向和职业特征的教育，这也是它与本科教育的最大区别。

具体而言，职业教育人才培养目标，需要满足以下要求：第一，使学生获得就业谋生所必需的岗位技术能力与职业素质；第二，使学生具备一生职业发展与迁移所必需的相对完整的某一专业技术领域的知识、能力与素质结构；第三，尽可能在人文素质、思维方法及终身学习能力等方面，为学生成就其人生的事业打好一定的基础。总之，职业教育的培养、培训过程及每一个环节都要以掌握岗位技能为目的，把培养目标与劳动力市场的需求及生产一线的实际需要紧密地结合在一起，培养目标具有明确的职业定向性。只有准确把握职业教育"类型教育"的本质属性，彻底改变以往"学历为主、能力从之"的教育形态，才能走出文凭竞争的末端境地，激发强大的内在竞争力。

2. 以职业能力为本位

职业教育的人才培养目标是高素质技能型专门人才，既要为人的生存又要为人的发展打下坚实的基础，也就是要求学生具有较强的职业能力。职业能力强调的是掌握知识与技能、学会学习与工作、懂得共处与做人，这是学生动态变化职业生涯中的决定因素。因此，突出职业能力的培养，有利于学生形成符合职业或岗位要求的知识、能力和素质结构，有利于学生达到职业或岗位的工作要求，有利于学生创新精神的培育，有利于学生适应职业生涯的变化。在职业教育专业建设中构建和培养学生的职业能力，必将是一项核心工作。

以社会需求为根基，树立正确的人才观，是职业教育实现可持续发展的根本保证。一般来说，职业教育与普通教育培养对象的"智能类型"存在比较大的差异，前者智能类型倾向于形象思维，而后者的智能类型则倾向于抽象思维。两种不同智能类型的培养对象的培养目标、培养方式与培养结果不应该也不可能相同；职业教育帮助学生熟练应用知识，提高职业能力，培育创新精神，逐步将学生培养成为技能型或技艺型的专家为目标；而普通教育帮助学生理解掌握知识，提高学识水平，培育创新能力，逐步将学生培养成为研究型或应用型的专家为目标。两者共同之处是都具有人才培养的高等性，不同之处在于培养对象服务于经济社会的工作岗位、工作阶段和工作层面的不同。因此，职业教育的人才衡量标准必须要区别于普通教育，要以社会需求为根基树立"能力本位"的人才观，以实现职业教育的可持续发展。同时，树立正确的职业教育人才观也有利于形成专业特色，有利于增强学生成才的信心，有利于加强老师培养人才的决心。

由此，以能力为本位改革人才培养模式，是职业教育专业建设的关键。人才培养模式是指学校为学生构建的知识、能力、素质结构，以及实现这种结构的方式，包括人才的培养目标、培养规格和基本培养方式与途径，它从根本上规定了人才培养的特征。从职业教育的培养目标来看，人才培养的特征是职业能力的培养；从职业教育培养方式和途径来看，人才培养的特征是工学结合；从课程结构来看，其特征是基于工作过程系统化。由此可见，传统的以学科体系为本位的人才培养模式，已不能完全适应高素质技能型专门人才的培养。因此，在职业教育的专业建设中，应通过开展广泛的社会调研，明确专业所服务的企业和面向的职业或岗位及其工作要求，确立专业的人才培养目标和规格——将工作结构转化为课程结构，将工作内容转化为课程内容，将工作形态转化为课堂形态，形成以工作过程系统化为引领的课程体系。另外，要通过校内外教学资源的整合和建设，形成具有浓厚职业氛围的教学条件，构建工学结合的教学模式，实现"教学做一体化"，即实现在学习中工作和在工作中学习，充分体现职业教育以能力为本位的人才培养特色。这是职业教育实现人才培养目标的必由之路和关键所在。

3. 以课程建设为核心

职业教育的课程构建和教学内容体系具有务实性。能否培养出适合企业或行业需求的高技能型人才，关键在于专业，而课程又是构成专业的主要因素。因此，课程建设成为培养模式的核心内容。课程建设必须围绕职业能力这个核心，以专业技术应用能力和岗位工作技能为主线，对课程进行优化衔接、定向选择、有机整合和合理排序。课程的整合要打破学科界限，本着强化能力、优化体系、合理组合、尊重认知规律、缩减课时的原则进行，不必考虑内容的系统性、完整性，而应突出课程的针对性、实用性、先进性和就业岗位群的适应性。课程目标最集中、最具体地反映教育目的和培养目标的要求。职业教育的课程目标是培养学生的职业适应能力和应变能力。

传统教育模式是"学历为主、能力从之"，将学生圈在教室，目的是解决"让学生学"的问题。现代职业教育是"现场化教育"，课程目标的设定应面向整个职业，并且一定要把增强学生的职业适应能力和应变能力作为课程目标的基本要素。每一门学科的课程目标要明确地瞄准某种职业，与就业目标对接，体现其职业方向性，为学生毕业上岗提供良好的条件，帮助学生实现零距离上岗。而课程内容是实现课程目标的重要载体，它能缩短毕业生与实际工作岗位的距离。必须强调以职业所需的能力为主线，内容包括胜任岗位职责所需专业知识、工作技能和工作态度的培养，包括职业角色对从业者的各项能力要求。课程内容的职业化、务实性，反过来要求实践教学在教学计划中占有较大比例，是我国职业教育发展的必然趋势。教学内容要强调以"必需""够用"为度，在教学中不再突出学科体系的逻辑严密性，而是强调把职业技能标准融入课程体系，推动课程教学与职业技能考试在教学内涵上的整合。

4. 以师生能力提升为关键

《国家职业教育改革实施方案》中明确提出：启动1+X证书制度试点工作；鼓励职业院校学生在获得学历证书的同时，积极取得多类职业技能等级证书。

应该说，学历证书与职业技能等级证书，既互为联系又互为补充。学历证书，经过一定时期内接受职业院校内部学习，经考核合格，即能毕业获得学历证书。职业技能等级证书作为一种新型证书，是职业技能水平的凭证，反映职业活动和个人职业生涯发展所需要的综合能力；取得某一领域职业技能等级证书，是掌握该领域某一等级职业技能（能力）的标志。实际上，就"1+X"而言，"1"是人才培养的基础和保障；"X"主要聚焦学生职业技能的提升，解决职业技能、职业素质或新技术新技能的强化、补充或拓展问题，对应职业岗位（群）的工作任务和技术技能单元，突出实践性。特别是，随着我国产业升级和结构调整的步伐不断加快，各行各业对复合型、创新型技术技能人才需求越来越紧迫，职业岗位对职业技能水平和专业化程度的要求也越来越高，无论是社会从业者还是在校学生，都需要在个体自身能力、学习成果等方面得到公正评价和认定。因此，启动1+X证书制度试点，既是深化复合型技术技能人才培养培训模式改革、提高人才培养质量的重要举措，又是拓展学生就业创业本领、缓解结构性就业矛盾的重要途径，对推进教育现代化、建设人力资源强国具有重要意义。

而启动1+X证书制度试点，"双师素质"是决定其成功与否的关键。"双师素质"要求，既能传授专业理论知识，又能指导专业实践，并具备相应的知识、素质、能力结构。知识结构包括围绕职业岗位的知识、技术及本专业领域的最新发展动态和新知识、新技术、新工艺等；素质结构包括良好的道德素质和职业素质，要求教师要树立正确的世界观、人生观和价值观，培养良好的角色意识、敬业精神、时效意识、团队精神等；能力结构包括教育教学能力、岗位实践能力、现代教育技术使用能力和科研能力等。因此，建设"双师型"的师资队伍，既是职业院校的办学特点所决定的，又是办好职业院校的基本条件，更是贯通与保障"1+X"高质量的关键。

职业教育自身的鲜明特色，要求教师不仅要具备扎实的理论知识和较高的教学水平，还要具有较强的专业实践能力和丰富的实际工作经验，这个目标不确定，这个短板不补齐，是保证不了"1+X"高质量的。另外，从院校层面要根据每个专业、每个教师的具体情况，走校企合作、与市场相结合的路子，"内培外聘"相互促进，多渠道、多方法地不断扩大"双师型"教师队伍，增加实践型、技能型教师的比例。高职院校办学质量，一定要基于多维度评价，而其重点在于以教师为核心"三教"体系的多维度评价。

5. 以企业为重要办学主体

"职教20条"明确强调："职业院校应当根据自身特点和人才培养需要，主动与具备条件的企业在人才培养、技术创新、就业创业、社会服务、文化传承等方面开展合作。学校积极为企业提供所需的课程、师资等资源，企业应当依法履行实施职业教育的义务，利用资本、技术、知识、设施、设备和管理等要素参与校企合作，促进人力资源开发。"同时强调："发挥企业重要办学主体作用，鼓励有条件的企业特别是大企业举办高质量职业教育，各级人民政府可按规定给予适当支持"。

就其根本而言，职业教育属于"重资产教育"。这一方面体现在教学设施建设上，要重视生产型设备投入。与普通教育不同，职业院校不会花大量的资金来进行科学实验型的实验室建设，但需要花大量的资金建设生产型的实训基地。由于生产型实训基地的建设需要大量的资金投入，单靠学校自身不可能完成，而且学校自行建设的实训基地也容易与社会生产实践的需要相脱节，所以要鼓励学校与社会、与企业联合兴办各种类型的生产车间或基地，进而将社会生产实践与学校的教学工作结合起来。这样的建设方向，才是职业院校应该追求的；这样的培养人才，才是社会所需要的。另一方面在办学模式上，要重视"工学一体"、服务社会。由于职业院校产生于大工业的需要，社会需要就是职业院校的办学目标，所以在办学模式上要通过校企合作进行类型教育。职业院校必须进行工学结合，这才是职业院校的办学精髓所在，也是生命力之所在。三是在办学主体上，要实行多元化。由于职业教育本身是社会发展与需要的产物，仅靠政府来兴办职业教育既难以做好又不符合市场经济的规律。政府应当在能力所及的范围内，办好少数带有示范性的职业院校，而由社会各方力量共同参与，特别是企业从其自身的人才需要出发，积极参与兴办各种类型的职业教育，才可以做到既可以满足社会和企业自身发展的需要，又极大地促进职业教育的发展。企业之人力资源建设，既是更为丰富的教育资源，又是更为深层的职业教育。

二、职业教育的属性探析

职业教育的属性是什么？应该说，对这一问题的认识，基于看问题的角度不一样而出现了多种理解。相对一致的观点认为：职业教育作为一种培养人的社会活动，区别于其他类型教育和其他社会活动的根本属性是"社会性、生产性和职业性",姑且称它为"老三性";对于现代职业教育,又具有适应性、中介性和产业性的"独特"属性,这里姑且称它为"新三性"。

1. 职业教育的"社会性"

这是黄炎培先生最早提出来的。他在《职业教育机关唯一的生命是什么?》一文中明确指出,职业学校从其本质来说,就是社会性;从其作用说来,就是社会化。这一论点不仅成了持"社会性"这一属性学者的主要理论依据,而且认为这是职业教育的唯一属性。

诚然,在这一论点提出之时,"社会性"确实是职业教育的显著属性,但随着社会的发展,特别是随着人们对教育的重视与参与程度不断提高,职业教育的这一根本属性便变成了各类教育所共有的象征和标志。《中华人民共和国教育法》就明确规定:"国家鼓励企业事业单位组织、社会团体、其他社会组织机构及公民个人依法举办学校及其他教育机构。"目前,我国各级各类寄宿制中小学、民办大学的蓬勃发展,集资办学与高等教育的大众化走向,都充分体现了包括职业教育在内的教育事业广泛的"社会性"。

2. 职业教育的"生产性"

一些学者认为,职业教育这一属性的含义有两点:一是职业教育负担着劳动力生产与再生产任务;二是职业教育通过"产教结合",创办生产实习基地,建立教学、生产、科技推广或社会服务相结合的教学体制,直接参加物质生产和商品交换。上述两点的实质,就是职业教育与生产劳动相结合。但从我国的教育方针和马克思、恩格斯的论述来看,"生产性"也不仅仅是职业教育区别其他类型教育所特有的属性。比如,我国的教育方针规定"教育必须为社会主义现代化建设服务,必须与劳动生产相结合",很显然,这指的是各种类型的不同层次教育。再如，马克思在《临时中央委员会就若干问题给代表的指示》中说："在合理的社会制度下，每个儿童从9岁起就应当像每个有劳动能力的成人那样成为生产者……为了吃饭，他必须劳动，不仅用脑劳动而且用手劳动。"恩格斯在《共产主义原理》中说："所有儿童，从能够离开母亲照顾时起……把教育和工厂劳动结合起来。"这些观点中的教育"生产性"，显然是既包括普通教育又包括职业教育在内的整个教育。

3. 职业教育的"职业性"

关于职业教育的职业性，可以从以下两个方面来分析：一是从"职业"性质来看，职业（Vocation）是个人在社会中所从事的并以其为主要生活来源的工作。也就是说，职业实际是指从业人员所从事的工作的种类。目前，我国将国民经济各行业划分为13个门类，其中科学研究和综合技术服务事业一类，包括"自然科学研究职业"，其内容为"理学、工学、农学、医学等专业研究工作"。这些职业的工作者显然都是由现行的学术型、研究型大学所培养的，而非仅仅靠职业学校"职业定向"培养的。二是从职业教育涵盖面来看，即我们现在的"职业教育"是"小职教"还是"大职教"？如果是狭义的专科层次高等职业学院以下的这种"小职教"，那就不能涵盖所有"职业性"工作（如前述理工科研究人员）；如果是广义地从初级到高级的"大职教"，就涉及"职业教育普通化、普通教育职业化"问题。这些都有待教育理论界做进一步探讨。

4. 职业教育的"适应性"

所谓适应性，《辞海》解释为："生物体随外界环境条件的改变而改变自身特性或生活方式的能力"。那么，职业教育的适应性就是随社会经济的发展特别是生产技术水平的提高而改变自身特性或发展方式的能力。它区别于普通教育的那种"规定性",是其独有的特征或属性。

职业教育的适应性表现在：一是职业教育制度的适应。国家发展职业教育,建立健全适应社会主义市场经济和社会进步需要的职业教育制度,它包括办学方向、办学层次、教学内容、职业培训机构及对职业教育管理等都要始终处于主动适应的位置,适应社会经济发展需要。二是职业教育对象的适应。受教育者不应只是具有过于狭隘的职业性质或局限于一种技能的掌握,因为瞬息万变是我们时代的特征,所以,未来职业教育的主要目的必须使受教育者具有很强的适应性。三是职业教育办学模式的适应。为适应市场需要,职业教育要由传统意义上的以学校教育为主的封闭的办学模式,转向以企事业单位、公民个人及学校等多元化的"校企合作""校校合作"混合模式。"三教"体系也应在发展中改革、在适应中跟进。

5. 职业教育的"中介性"

所谓中介,就是在发生关系的双方之间起媒介桥梁作用。职业教育是把人力优势转化为智力优势、把智力优势转化为生产力的重要桥梁。同时,职业教育还是教育与职业之间沟通的渠道。教育不与职业沟通,职业发展就会受困。由此表明,职业教育的中介性就是指职业教育在人的发展和社会发展之间、教育和职业之间的特殊位置。

也可以说,职业教育促进人的个性发展和社会进步,不是"普通性"或者是"特殊对象性"的,而是直接对应于社会需要和个人生存的,是促进科学精神与人文精神的结合,促进社会发展需要的个性素质的提高,是使人的个性更适应社会直接需要的发展、提高和更新的中介加工,是其间最基本的桥梁。

6. 职业教育的"产业性"

我国经济的产业性质，最为根本的就是它的市场性，即以市场机制来配置资源，通过生产、销售等手段使企业获得自身发展。基础教育是不是有产业性？回答是否定的。这是因为：基础教育重在学生德智体的基本知识、基本能力和基本素质的培养，没有职业定向性和市场性，因而不具有产业性特征。高等教育具不具备产业性？具体问题要做具体分析。从高等教育的起源来看，最初它是一种"自由"的"博雅教育"，是一种培养"高尚人"的教育，并不具有将"产品"（学生）推向"市场"（就业）的市场性。后来，高等教育演变成了一种专门教育，具有了职业性和市场性，因而也才具有扩大招生、加强教学和推荐就业等一条龙的产业性。恰恰相反，职业教育是教育系统中与经济联系最紧密的产业，具有市场性。职业教育具有教育性、产业性双重特性，其与市场经济的有机融合，主要是通过人才供需关系的平衡协调来实现产业化运作，主要是指职业教育的运行机制和管理模式要面向市场，进行投入与产出分析，并对其成本进行严格核算；彻底改变传统的国家统包统管的教育体制，使职教投资主体多元化，学校在国家宏观调控下，按教育规律和市场规律办事，真正成为自主管理、自主办学的法人实体。

三、职业教育的根本属性

其实，无论是社会性、生产性、职业性，还是适应性、中介性、产业性，都是职业教育的一般属性。而职业教育的根本属性则只有一个，那就是它的实践性。

实践性是指职业教育与经济联系最为密切，企业技术创新、劳动组织方式、生产经营活动的不同，要求教育过程与生产实践紧密结合，具有面向企业、面向生产的特点。这完全可以从"职教20条"中体现出来：在"完善教育教学相关标准"部分提出，实施教师和校长专业标准，提升职业院校教学管理和教学实践能力；在"打造一批高水平实训基地"部分提出，加大政策引导力度，充分调动各方面深化职业教育改革创新的积极性，带动各级政府、企业和职业院校建设一批资源共享，集实践教学、社会培训、企业真实生产和社会技术服务于一体的高水平职业教育实训基地；对于中职教育提出，鼓励中等职业学校联合中小学开展劳动和职业启蒙教育，将动手实践内容纳入中小学相关课程和学生综合素质评价；对于高层次应用型人才培养明确要求，发展以职业需求为导向、以实践能力培养为重点、以产学研用结合为途径的专业学位研究生培养模式。同时还指出，职业院校实践性教学课时原则上占总课时一半以上，顶岗实习时间一般为6个月；"双师型"教师占专业课教师总数超过一半。

从教育过程看，首先，教学过程的实践性是职业教育的必经途径。教学过程的实践性主要表现为加强实践性教学，注重理论联系实际，注重专业实践能力的培养。其次，教学过程的实践性是职业教育的典型特征。加强实践技能的训练，在社会实践中锻炼过硬的本领，使学生在今后的职业发展中有良好的"适应性"，缩短由学生到劳动者之间的距离，是提高职业技术教育水平的一个关键要素。由此，这就要求我们必须克服"重理论、轻实践"的错误倾向，突出"职业"二字，以"准职业人"为要求，采取切实有效措施，在加强课堂技能训练的同时，组织学生走出校门，工学结合，利用企业的有利条件，执行1+X证书制度，加强学生专业技能的训练和多方面能力的培养，在实践中增长才干。

从与普通教育的区别看，职业教育是为经济服务的，相对于普通教育，职业教育具有鲜明的"产业性"，是以职业为导向的教育，始终贯彻执行专业设置与产业需求对接、课程内容与职业标准对接、教学过程与生产过程对接。它是为生产和服务领域培养应用型人才的教育，具有为生产服务的"中介性"；职业教育的"产业性"和为生产服务的"中介性"，决定了职业教育的实践性特征。实践性要求教育过程要注重与生产劳动相结合，注重实践教育，强化技能训练，培养职业能力，使学生在技能技巧上有较大提升。

　　从与行业、企业的关系看，行业、企业是发展职业教育的主体。职业教育是工业社会的产物，从某种意义上讲，它是一种工业教育，其经济功能决定了它与行业、企业关系最密切，效果最直接，作用最明显。依靠行业、企业发展职业教育，是世界各国的普遍做法和共同经验。事实也表明，行业、企业是实施职业教育与培训的重要主体之一，也是检验职业教育实际效果的最好场所；同时，现代企业劳动力资源管理制度是以劳动力资源开发为核心的，职业教育作为劳动力资源开发的重要手段必然成为企业的行为，职业教育承担着开发企业人力资源的主要任务，是企业制度劳动力开发体系中的核心部分。因此，职业教育要面向行业、企业，以其实践性符合行业、企业的发展。

第七章

校企合作与校企共建

> 校企合作，是指职业学校和企业通过共同育人、合作研究、共建机构、共享资源等方式实施的合作活动。这是我国目前倡导的主要方向，也是各个职业院校正在突破的重点。但是，透过历史演变，从运作主体的战略职能、决策职能、开发职能、财务职能以及公共关系职能来分析，校企合作是有一定局限性的。

一、我国校企合作的三次历史变迁

我国校企合作的历史变迁，可以概括为三个时期：萌芽期、发展期和紧密期。

1. 萌芽期：企业办职业教育

20世纪20年代，伴随第一次工业革命的快速发展，国内一些企业为传习西方先进的工艺技术，培养技术人才，相继开办了实习工厂，一边工作一边学习，形成了职业教育校企合作的模式雏形。这一时期的校企合作形式是企业作为主办方，将学校办在企业中，采取"工学并举""工读主义"和"半工半读"等人才培养方式，培养当时所需要的人才，这种校企合作形式还是一切以企业的利益为重。

2. 发展期：由企校分离走向引企入校

随着第二次工业革命的到来，特别是随着机器生产代替手工生产步伐的加快，社会迫切需要大量掌握一定技能的标准化劳动力，而"半工半读"的教学模式已经无法满足机器生产对"标准化""规模化"劳动力培养的需要。在这样的历史背景下，企校开始分离，学校自成体系主导教育，采取以班级授课为主要方式的人才培养模式，满足了当时机器大生产的人才需求。但是在这一时期，一切以学校利益为出发点，人才培养以学为主、以工为辅，过分强调学科的系统性和完整性，从而导致实践性和行动性不足，也渐渐远离了企业和市场，这种模式一直延续到20世纪末。

随着我国经济增长方式发生深刻变革，这种校企分离的人才培养模式越来越不适应社会发展需要。1991年10月17日，《国务院关于大力发展职业技术教育的决定》提出，要提倡"产教结合、工学结合"，明确职业教育要实行产教结合培养模式。在这一背景下，职业院校纷纷采取各种措施将企业引入学校，参与学校的人才培养。"引企入校"的实质是企业帮助学校培养人才，这时学校仍然处于主导地位，企业配合辅助，培养对象是学生，企业投入得不到相应回报，校企之间缺少"互惠共赢"，形成了学校"一头热"现象。

3. 紧密期：政府主导型校企合作

随着经济社会的快速发展，职业教育校企合作也在经济的带动下向前迈出了一大步，从校企合作走向了"产学研"全面合作。在市场经济条件下，企业、学校、学生构成校企合作的三大主体，企业需要学校提供人力资源和技术支持，学生需要成才和就业，学校需要提高自己的社会效益和经济效益。在这样的背景下，通过政府出台政策、牵线搭桥，调动企业和学校合作的积极性，建立起校企合作的动力机制，从而实现了在政府引导下、学校和企业平等合作的双赢机制。这种校企合作双赢机制的关键在于政府、企业、学校三方联动，政府通过政策扶持、统筹协调，为双赢机制的建立发挥主导作用；企业通过提供人才培养规格、参与人才培养、共建实训基地等方式，为双赢机制的建立发挥引导作用；学校通过深化教学改革、构建质量保障体系，为行业、企业提供高质量的服务等途径，为双赢机制的建立发挥主体作用。由此可见，校企合作双赢机制是一个杠杆，政府是支点，偏袒任何一方都会失去平衡。假如政府也难以真正做到确保双方的平衡，那么校企双赢合作机制也只能成为人们努力但难以达到的理想状态。

二、新时代职业教育对校企合作提出新要求

新时代职业教育对校企合作提出了新要求，学校怎么办，企业如何定位，怎样找准校企合作点，从而实现校企合作新作为，都是需要思考与解决的课题。具体而言，主要包括：

一是如何建设开放融入先进产业元素的学校。新时代职业教育校企合作的主要目的，是提高人才培养质量，提升服务区域经济社会发展的能力。因此，职业学校要结合企业岗位需求制订人才培养方案，按照企业生产过程、工作流程进行课程体系设计；教学过程重点传授职业岗位需要的知识，培养学生熟练掌握岗位技能；同时还要融入合作企业文化需求等要素，融通合作企业的战略职能、决策职能、开发职能、财务职能以及公共关系职能，进而加大资本、技术设施、管理、知识产权等要素投入。如此这样，才把职业院校办成开放融入先

进产业元素的学校。

二是如何大力发展优质产教融合型企业。《职业学校校企合作促进办法》规定"鼓励省级人民政府开展产教融合型企业建设试点"。何为产教融合型企业？是指深度参与产教融合、校企合作，在职业院校、高等学校办学和深化改革中发挥重要主体作用，行为规范、成效显著，创造较大社会价值，对提升技术技能人才培养质量，增强吸引力和竞争力，具有较强带动引领示范效应的企业。如此看来，只有企业自身能够提供相对完善的教育功能和教育要素，或是能够实际性开展校企合作，推动构建校企命运共同体，才能进入产教融合型企业行列。而这样的角色定位，势必需要长周期投入，也势必需要"金融＋财政＋土地＋信用"等组合式政策激励。另外，最好是从法律约束的角度，让行业企业成为重要办学和教育主体，进一步延伸产教融合政策体系，彻底解决当前产教之间不对接、不愿接、不敢接现象。

三是如何平衡校企合作利益与责任关系。校企合作有两个结合点，一是服务高素质技能型人才与服务区域经济社会协调发展的结合点，二是企业与学校间利益与责任的结合点。职业教育校企合作主体，只有把握好学校、企业、行业、学生成长和国家战略之间的利益均衡点，才能构建起资源共享、责任共担的体制机制。因此，校企合作，"合"是核心；主体虽不同，合和开胜局。

四是如何提升校企合作质量与规范水平。新时代的校企合作，不再是"有没有"与"有多少"的问题，而是强调"是什么"与"怎么样"。就此，根据共有产品的特性，基于市场化一般规律，只有将依赖性作为激励因素，清晰界定合作边界，明确合作目标任务、内容形式与权利义务等必要事项，才能提升校企合作质量与规范水平，实现校企合作服务人才培养、服务区域经济社会发展的功能。

三、我国校企合作中存在的主要问题

一是校企合作存在学校热、企业冷，呈现热度不均现象。 学校希望通过校企合作借助企业资源，弥补实践教学短板，解决学生实训问题；提高学校市场化程度，增强学生就业适应性；提高就业率，缓解学生就业难问题。正是基于以上因素，学校积极性很高。而企业追求经济利益，不可能投入太大的精力参与到人才培养的全过程，如果短期内看不到校企合作带来的收益，便很容易失去合作动力。

二是企业重技术轻育人，校企合作难以深度融合。 校企合作作为职业教育产教融合的具体实践，其主要方向是协同育人，而当前很多职业院校与行业企业之间的合作，还仅仅是解决学生实习问题，同时很多企业出于自身保护的考虑，让学生接触不到"核心技术"，只是做一些技术含量低、重复性的一般工作。有的实习实训内容由参观代替，协同育人有名无实，不能真正帮助学生提升就业竞争力；还有一些职业院校与企业间，只是采用项目式合作方式，仅仅满足短期功能设置，而忽视建立长期、稳定、深入的合作伙伴关系。因而可以说，校企合作之现状，远没有达到深度融合的层次。

三是行业企业教育资源供给单一性，与职业教育资源需求复合性存在矛盾。 职业教育是实用型教育，需要加强实践技能培训，职业院校所有专业课程的学习都涉及实践技能训练的问题，而企业作为市场经济的主体，为了生存和发展往往专注在主营业务上，因此企业所能提供的职业教育资源往往具有单一性。在这样的情况下，就只能按照一所学校与多家企业之间进行合作，而这样"一对多"的校企合作关系，虽然调度成本大、协调效能低，但是，唯有如此，才能满足职业院校所有专业课程的实践技能训练需求，解决职业教育资源需求复合性与行业企业教育资源供给单一性之间的矛盾。

四、校企合作的实践案例

为贯彻中央援疆、援藏工作要求,落实国家电网有限公司党组决策部署,我们按照"统筹规划,统一标准,分类培养,按需配置"原则,开展艰苦边远地区高校学生"定向+订单"培养。自2015年起,以每年新疆60人、内蒙古50人的规模,为当地电力企业选拔培养优秀人才,为当地电网发展提供人力资源保障。具体运作方式是:

学校与企业联合招生:根据企业需求确定当地招生规模,然后进行招生申请,通过普通高考方式进行招生。录取之后,共同签订学校、企业与学生三方协议,明确学生毕业后就业单位,使学生"入学即入厂",让他们既是学生又是企业"准员工"。

联合制订人才培养方案:学校与企业组成专家组,根据国家电网有限公司生产技能人员职业能力要求,参照相关的职业资格标准,突出核心职业技能"双证书"要求,编制了供用电技术、电力系统继电保护与自动化两个专业人才培养方案。方案突出职业岗位针对性,实现了课程内容与职业标准的对接、教学过程与生产过程的对接。

"双导师"联合培养,"校企"协同育人:校企共同建立"双师"团队,人才培养全过程实施双导师制。同时在学生入校一年,企业即安排现场师傅,签订师带徒协议,真正实现"一入学校门,就是企业人",强化学生的学习责任感和企业归属感。

培养目标明确,合理安排学习进程:我们在对供用电技术、电力系统继电保护与自动化两个专业能力要求和典型工作任务分析基础上,根据各专业职业岗位和典型工作任务的要求,正确处理知识传授、能力培养、素质提升三者之间的关系,以培养学生良好的职业技能和职业素养为目标,以基于工作过程的项目课程、生产性实训、企业顶岗实习有机结合,加大实施校企协同育人的力度。按照"1.5+1+0.5"的模式安排教学内容,第一、二、三学期(1.5年),学生在学校完成必备基础知识学习、职业素养和职业技能训练;第四、五学期(1年),按照国家电网有限公司新入职员工培养要求,在学校进行职业技能实训;第六学期(0.5年),在签约电力企业通过师带徒形式,进行顶岗实习,并由企业师傅和学校老师共同指导完成毕业设计。

经过校企之间通力协作、精心培养,截至2019年底,已有两届学生圆满完成学业,"零过渡"踏上工作岗位,实现了从学生到企业员工的顺利转变。当前,学校在继续巩固与国网新疆公司、国网蒙东公司合作基础上,又先后与国网北京市电力公司、国网浙江省电力有限公司、国网节能公司进行合作,以现代学徒制模式为企业定向培养急需人才,校企合作规模越来越大。

当然,这种校企合作培养实践,看似通过订单培养,成功回避了"校热企冷"问题,也节约了员工培养时间和经济成本。但仔细推敲,校企之间在合作定位上仍然存在许多不确定因素,在合作运营上也存在一些难以解决的问题。对比这种松散型合作方式的优缺点,我们认为,要想实现校企之间深度合作,"校企共建"应该是一种更好选择。

五、校企共建的内容

通过诸多校企共建案例分析,我们既可以看到校企共建之于校企合作的本质区别,又可以发现其诸多实现方式。比如:

共建学院: 2019年3月以来,天津滨海迅腾科技集团有限公司与临沂职业学院共建"艺术设计学院",这是职业教育混合所有制办学的有益探索。双方坚持"共建、共享、共赢"的原则,充分发挥校企协同育人作用,整合双方优质资源,打造一体化教学平台,共同组建管理团队，完善就业服务通道。

共建专业： 2019年7月，网易云联合浙江工业大学正式发布"校企共建大数据专业"战略合作，双方将在大数据人才建设、专业建设等方向共同探讨新工科建设路径，向社会输出大数据专业人才和建设经验。

共建实验实训室： 2019年8月，厦门紫光展锐科技有限公司携手西安交大共建人工智能联合实验室，紫光展锐将在5年内投入研发资金1亿元支持联合实验室研发，充分发挥紫光展锐和西安交大人工智能与机器人研究所的独特优势，共同推动我国新一代人工智能的发展。

共建课堂模式： 临沂大学传媒学院与北京傲禾测土肥业连锁公司"校企共建课堂模式"，将社会服务项目引入课堂，通过教师与企业对学生学业进行共同评价，教师用"分数"评价学生基础理论与技能，企业以"鼓励金"评价学生综合实践应用能力，既实现了为社会服务与育人模式的创新，又调动了学生学习积极性，打通学校课堂到社会"市场"的最后一公里，为课堂建设注入了生机与活力。

当然，可以共建的内容还有很多，如校企共建工程技术研发中心、共建生产性实训基地等。但是，无论采取哪种共建方式，最终都无法回避"怎么建"这个课题。

六、校企共建的方式与方法

从本质上讲，校企共建，是学校与企业本着资源共享、优势互补、共同发展的原则基础上的"自愿结合"。而要实现这种"自愿结合"，首先彼此之间要有吸引力，其次要在体制机制上有所突破。也只有实现资源共享、管理融通、需求密联，才能真正达到校企共建之目的。比如：

共建模式：一是学校提供教学、场地以及食宿、医疗等基本设施，企业按照协议约定投入资金。二是以学校基本设施为平台，企业提供培训设施，并按照"工学一体"有关要求进行建设与维护；三是企业能够提供相对完善的教育功能和教育要素，为学校提供校外实训基地等。

运营保证：校企共建不仅要有框架协议，还要有具体的专业规划与规章制度，明确专业方向，明晰双方责任、权利和义务，规避因缺乏制度约束、责权利不清而导致关系"松散"、互相"扯皮"。

管理团队：为保证发挥校企各自优势，实现校企无缝对接，学校与企业要共同组建管理团队，共同进行日常管理，重大事项集体决策，确保共建项目运行良好。

实际上，校企共建具有以下几个特点：一是投资主体多元化。既可以增加学校办学经费，又能够解决无限的设备更新与技术更新矛盾，进而让学校跳出单一依赖国家财政支持；二是育人模式"双主体"。既能够根据企业需求培养人才，又可以提升教学管理的实践性，进而让人才培养更接地气、更有针对性。三是"双师"队伍"互联互动"。既能够从根本上解决实训师资短缺问题，又可以拓展教育方式、丰富教育内容、强化教师队伍。四是实施"流程教学"、模拟工作情境教学。可以实现教学现场化，进而培养学生实际问题解决能力。

七、校企共建与校企合作的联系与区别

应该说，校企共建与校企合作既有联系，又有区别。

首先，校企合作的育人主体是"学校"，是一种以学校为主体的合作模式，企业主要是为学校学生提供实习实训岗位，双方是一种工作关系，业务密联比较低级。有的企业可能向学生支付一定的劳动报

酬，而大多数企业则会向学校收取实习费用。而校企共建以"校企协同、全岗位合作、全过程管理"为指导思想，使参与学校人才培养成为企业工作的一部分，成为企业分内事。另外，企业对学校人才培养深层参与，实行一体化管理，承担与共建相关的决策、计划、组织、协调等管理职能，在专业建设、人才培养过程中发挥重要主体作用。

其次，校企合作中学校无法控制顶岗实习等实践教学的质量，教育重点明显地体现在"学会认知"上，而较少能够体现"学会做事"。校企共建双师教学，实训有保证，学生能够掌握相关岗位技能，毕业即能上岗，实现了学校到企业间的"零过渡"。

最后，校企合作中企业更注重眼前利益，并没有把教育的功能融入企业价值链中，当企业本身利益和学校利益矛盾冲突时，多数企业通常会把本身利益摆在首位而中断校企合作相关事宜。而校企共建体现的是"利益趋同、责任一体、运作相向"，能够充分调动企业参与人才培养的积极性。

因此，校企共建是在校企合作基础上学校与企业间一种更深层次的融合，它所体现出来的优势不仅十分明显，而且具有长远发展价值。

第八章

"以企业为主体"是未来趋势

校企共建作为校企合作基础上学校与企业间一种更有效、更高级的合作形式,是一种校企之间的"自愿结合",实现了学校与企业间的"资源共享、优势互补、共同发展"。但在实际操作中只有明确校企共建中的主体,协调不同利益体的需求,才能建立校企联合的动力机制,真正实现校企利益的共赢。就此,以学校为主体还是以企业为主体?不仅需要探索,而且是必须破解的大问题。

在前面的思考中,我们论证了以学校为主体的校企合作模式,无法避免地存在着"校热企冷"等问题。那么,设想"以企业为主体",又将是怎样的一种情形呢?

一、为什么要"以企业为主体"

2014年《国务院关于加快发展现代职业教育的决定》和2015年《教育部关于深化职业教育教学改革全面提高人才培养质量的若干意见》中都明确提出:"要发挥企业重要办学主体作用"。"职教20条"要求:"发挥企业重要办学主体作用,鼓励有条件的企业特别是大企业举办高质量职业教育。"《国务院关于推行终身职业技能培训制度的意见》指出："要充分发挥企业主体作用,全面加强企业职工岗位技能提升培训。"

职业院校的产品是学生,产品的质量如何?只有当学生进入企业,经过实际工作的检验,才能获得公正的评判。其实,企业就是职业院校产品——学生的需求方,它们对于学生应该学习的知识、应该达到的水平、应该掌握的技能等,最了解,最清楚;他们对于职业院校制定人才培养目标、确定课程传授内容以及教学质量评价,最有发言权和权威性。如果职业院校仍然"闭门造车",不顾及企业的需求,那么,在当前以就业为导向、"出口决定入口"的职业教育环境中,势必会出现学生"毕业即失业"的现象,也反过来会让学校陷入不能持续发展之境地。因此,在职业教育的各主体中,基于话语权在企业、评价权在企业、使用权在企业,企业的主体作用应该最为突出。

二、"以企业为主体"内涵解读

职业教育办学主体范畴是发展变化的。对职业教育办学主体的理解,目前有两种观点:一种认为"办学"就是举办学校,即"谁投资谁就是办学的主体",办学主体就是投资举办教育的主体。另一种认为"办学"就是经营管理学校,即"办学权在谁手里谁就是办学的主体",办学主体是经营管理学校的主体。两种观点,一个聚焦"所有权",一个聚焦"管理权",实际上,这是两个不同层次的概念,两者在主体上既可以保持一致,也可以由不同的主体来担任。

从我国职业教育发展历程看,自 1978 年全国教育工作会议开始,不断扩大教育投入,积极整合社会资源举办职业教育,在这一阶段,教育主体更多被理解为投资举办教育的主体。进入新世纪,国家大力发展职业教育，2010年，中等职业教育学生数量稳步回升，高等职业教育规模迅速发展，分别占到了高中教育阶段和高等教育阶段的"半壁江山"，职业教育走向内涵发展，质量成为核心问题，职业教育的办学主体概念范围，也由单一的举办主体拓展到举办主体和管理运营主体更为宽泛的范畴。所以说，随着职业教育发展，外部环境变化，对职业教育办学主体范畴的理解也呈现出动态变化的特征。

企业是职业教育重要的办学主体。 应该说，我国职业教育改革和发展，始终坚持依靠行业企业办学方针，加强教育与生产劳动和社会生产实际相结合。一直以来，企业都是职业教育的重要举办者，早在洋务运动时期，就有企业为满足实业需要创办职业学校；1958年来，除教育部门外，各部委、企业也根据生产建设发展需要，举办各种类型职业学校。1996年《职业教育法》在法律层面确立了企业举办职业教育的合法地位。进入新时代，《国务院办公厅关于深化产教融合的若干意见》鼓励企业以各种方式依法参与举办职业教育、高等教育；深度参与职业学校、高等学校教育教学改革；鼓励优势企业以各种方式与学校共建共享生产性实训基地；鼓励校企共同组建产教融合集团。"职教20条"也要求："发挥企业重要办学主体作用，鼓励有条件的企业特别是大企业举办高等职业教育。"

企业是职业教育重要的办学管理主体。 首先，企业通过加入职业教育决策机构、职业资格标准制定和认定机构等方式，可以影响、促进职业教育满足企业发展需求，如教育部牵头成立的行业教学指导委员会，在提高企业影响力方面发挥着重要作用。因此，企业作为用人主体，是职业教育发展战略的重要决策者，此定位不能偏废，更不能可有可无。其次，企业是职业院校办学模式创新的重要主体。我国企业参与职业教育办学形式多样：除独立办学外，企业通过资金投入、捐赠设备、共建实训基地、员工培训、合作科研等各种方式积极参与职业教育办学，形成了冠名班、订单班、校中厂、厂中校、校企一体化办学、集团化办学等各种模式。从本质上看，用人关联、业务密联是校企共建的重要纽带，而更深层次的职工素养提升、核心竞争力的塑造，则是办学模式创新的根本动力。第三，企业通过直接参与职业院校人才培养方案制定、专业建设、课程设置、教材开发、师资共建、实训基地建设等，将行业企业用人标准融入职业教育人才培养的全过程，形成"人才共育、过程共管、成果共享、责任共担"合作机制。所以说，企业也是职业教育人才培养的具体实施者。

三、"以企业为主体"可以实现"三个有利于"

有利于推进职教改革。《国务院关于大力发展职业教育的决定》中提出：要"依靠行业企业发展职业教育，推动职业院校与企业的密切结合"。这实际上涉及职教改革的深层次问题，也就是：推动职教改革，必须首先明确职业教育的目的是什么。从概念上看，职业教育是指让受教育者获得某种职业或生产劳动所需要的职业知识、技能和职业道德的教育。那么，如何获得？通过什么方式获得？显然，单纯依靠职业院校是实现不了的。因此，作为职业院校的改革与发展，必须遵循教育规律和市场规律，坚持以市场需求为导向，最大可能地发挥企业的重要主体地位；在专业设置、学科建设上，要对接企业、对接新制造、新业态、新技术，及时准确反映经济社会发展的需要、产业结构调整以及人才市场的需要。

有利于破解就业难的问题。在当前以就业为导向，"出口决定入口"的职业教育环境中，明确企业的主体地位，有助于提高企业对校企合作的认识，不再仅仅当作社会责任和应尽义务，而是把校企合作当作本企业人才储备的重要环节和利益扩大的重要方式，这样就可以极大促进企业参与合作的热情，有效解决"校热企冷"弊端，破解学生就业难题。

有利于企业的长远发展。明确企业的主体地位，变"要我参与"为"我要参与"，既可以拉近校企距离，又可以提高企业对校企合作的认识，进而让企业真正清楚：参与校企合作，不仅仅是在承担社会责任，同时可以为企业的技术改造、产品研发、科技攻关、职工培训与继续教育等搭建起资源共享的平台，有利于自身的长远发展。

四、"以企业为主体"实践案例

国家电网有限公司主动发挥企业办学主体作用，不仅持续举办全日制普通高校，而且以普通高校为平台，以"企业办学为企业服务"为发展理念，持续延展办学功能，对全面提升队伍素质和企业素质形成重要支撑。比如，公司于2008年12月30日，依托山东电力高等专科学校组建的国家电网技术学院，便是企业办学的典型代表。

国网技术学院成立以来，坚决贯彻落实国家电网有限公司部署，坚持"人才强企"战略和"教育兴业"担当，从成立之时，便开始"一体双育"（院校一体，普通教育与职业培训双向培育）探索实践。经过十多年发展，逐步建设成为培训创新研发基地、团青干部培养基地、企业文化传播基地、技术技能人才培训开发中心、新技术新技能推广示范中心、国际合作交流平台。10年来，举办国家电网有限公司新员工培训班36期，培训学员12.4万人；举办各类线下短期培训班1858期，培训技术人员13.4万人；国际化培训交流项目25期，培训各国学员627人；举办团青培训班30期，培养团青骨干2365人；培养职业教育毕业生9518人。

11年来，国网技术学院围绕电网业务，建成涵盖电网建设、运行、检修、营销、通信等主要专业和特高压、智能电网、新能源并网等新技术领域为主体的实训设施体系，各类实训室（场）总数达279个，操作训练工位超过8340个。学院的课程组织，主要根据岗位需求进行定位；课件翻新每年一次。另外，通过网络大学平台，实现线上线下相结合、有形无形相贯通，满足了职业教育与职工培训的各类需求。

国网技术学院聘请国家电网有限公司知名专家、教授，以及一线优秀技术、技能人才担任客座教授和兼职教师，每年有100多名专家人才常驻学院，建立起一支专兼结合、结构合理、具备较高理论水平和实践指导能力的师资队伍。学院每年定期安排专业教师深入企业，到生产一线挂职锻炼，深入了解企业文化、掌握专业技术技能，进一步提高实践水平。此外，学院还充分利用培训资源，为高校教师举办电力工程实践培训班，通过与河海大学、华北电力大学、东北电力大学、武汉大学、华中科技大学、山东大学、四川大学、三峡大学等30余所高校骨干教师进行技术交流、观念融通，进一步提高了学院师资水平。

2010年以来，国网技术学院坚持走国际化发展道路，先后为巴西、印度、菲律宾、澳大利亚、柬埔寨、土耳其等国家和地区举办培训班。2018年3月，学院培训团队赴埃塞俄比亚为当地配电项目提供技术培训。近几年，学院先后承接国际青年能源论坛、埃及优秀高中生来华访问文化交流、"一带一路"电力能源高管人才发展计划研讨活动、中阿清洁能源培训、第二届上合组织国家职工技能大赛等，展现国家形象，展示企业实力，彰显了电力行业的技术技能水平。

2012年以来，国网技术学院统筹国家电网有限公司系统优质培训资源，设立了成都、长春、西安、苏州、郑州五家分院，丰满、江西等五家合作基地，并以"五统一"为管理原则，同时实施培训与职业教育，形成了"资源共享、优势互补、分工明确、协调发展"的集约化培训功能布局。

2019年，国网技术学院成为国家电网有限公司技能等级评价指导中心，这是公司响应党和国家号召，落实分类推进人才评价部署，配合国家职业技能鉴定体系改革的具体行动。学院牵头开发了公司52个技能工种的评价标准和评价题库，组织建立了评价体系，开展了评价工作，不仅通过建立新的技能人员等级评价体系促进了技能人才队伍的建设，也为在全日制学生培养中实施"1+X"奠定了基础。

国网技术学院先后被国家人力资源和社会保障部命名为首批"国家级专业技术人员继续培训教育基地"，连续八年荣获"中国企业教育先进单位百强"称号，先后荣获"中国最佳企业大学"排行榜第一名，以及"中国最具价值企业大学""中国企业培训示范基地"、在线教育博奥奖等称号，荣获国家技能人才培育突出贡献单位称号。

五、"以企业为主体"是未来趋势

应该说，透过国网技术学院11年来的发展轨迹，完全可以肯定，这是符合新时代国家职业教育发展方向的，这样的改革与运作，不仅完美地诠释了"以企业为主体"的内涵，而且全面展示出"以企业为主体"的优势，也再次证明了企业在职业教育发展中的重要作用。

"以企业为主体"之根本价值，主要体现在：一是企业作为办学主体，比较容易实现人才培养与企业需求的紧密相连，也比较容易发挥企业主导作用。二是企业全程参与职业教育管理，参与决策、参与办学模式创新、参与人才培养，特别是深入参与到学生实践、实习等重要学习环节，能够比较精准地培养出社会企业需要人才，推动社会经济高质量发展。三是企业作为技术人才的最终使用方，是现代职业教育的成果评判方，企业对于人才需求的评价标准、培养规格都影响着现代职业教育的发展方向。可以说"以企业为主体"，是解决学校人才培养与企业人才需求脱节的最有效方式，是突破职业教育校企合作办学瓶颈的最有效手段，也是推进产教融合、校企合作向深入发展的最好选择。"以企业为主体"必将是职业教育发展的未来趋势。

第九章

"双高计划"指标体系的不平衡性

2019年4月16日,教育部和财政部联合发布《中国特色高水平高职学校和专业建设计划项目遴选管理办法(试行)》(以下简称《遴选办法》),并同时发布了"双高计划"指标体系。据此,全国遴选出了首批50所中国特色高水平职业院校,150个中国特色高水平专业群。应该说,"双高计划"的指标体系,既是遴选条件更是职业教育发展指针。但是,如果我们从更广的角度来评判这一指标体系,便会发现许多方面不够平衡、有些指标值得商榷。

一、"双高计划"指标体系的由来

为深入贯彻落实全国教育大会精神,尤其是"职教20条"的具体部署,进一步提高我国高等职业教育的办学质量和水平,2019年3月29日,教育部和财政部联合发布《关于实施中国特色高水平高职学校和专业建设计划的意见》(也就是本书前面提到的"双高计划"),提出集中力量建设一批引领改革、支撑发展、中国特色、世界水平的高职学校和专业群,并于2019年启动第一轮建设,重点支持建设50

所左右高水平高职学校和150个左右高水平专业群。

"双高计划"是高职教育改革政策的延续。回顾我国高职教育的发展历程，实施重大项目是推动高职教育改革发展的重要抓手。2006年，教育部和财政部启动"国家示范性高等职业院校建设计划"，实施高职100所高水平示范校建设项目，形成了高职教育工学结合的人才培养模式；2010年，在原有国家示范校的基础上，新增100所左右国家骨干高职院校，形成了校企合作的体制机制。2015年，启动高等职业教育创新发展行动计划，遴选了200所优质高等职业院校，以产教融合为导向，促进高职院校整体质量提升。

此次"双高计划"也不例外，将建设50所左右高水平高职学校和150个左右高水平专业群。这是在职业教育领域实施的又一重大项目，是在新时代背景下应运而生的新一轮高职教育改革，具有重要的历史和战略意义。"双高计划"的实施，将真正体现职业教育作为类型教育的内在价值，破解职业教育发展的难题，引领现代职业教育人才培养理念变革以及职业院校办学理念的变革、现代治理能力提升、人才培养模式变革、职业教育国际化进程。"双高计划"与本科院校"双一流"（一流大学，一流学科）建设相对应，被誉为职业教育领域的"双一流"。正如教育部在对"双高计划"解读中指出的，"'双高计划'是落实《国家职业教育改革实施方案》的重要举措和职业教育'下好一盘大棋'的重要支柱之一，致力于把职业教育改革发展的'龙头'舞起来，引领带动职业教育培养千万计的高素质技术技能人才，成为支撑地方经济转型升级和服务国家战略的重要力量。"

但是，想进入"双高计划"着实不容易，从遴选比例看，在全国1418所高职院校遴选50所高水平职业院校，比例只占3.53%；从5.8万个专业点（可形成1.16万~1.93万个专业群，）遴选150个专业群，比例仅为0.778%~1.29%。可谓"百里挑一"，难度可想而知。

尤其是在半个月后，教育部和财政部联合发布的《遴选办法》

中，对高职院校"双高计划"实施的职责分工、项目遴选、项目实施、项目管理等作出明确规定，确定了"双高计划"项目的指标体系。在项目遴选方面，第十一条对学校办学条件、人才培养和治理水平、办学定位和方向及标志性成果作出明确具体规定；第十二条对专业群的定位、专业带头人和教学创新团队水平、生源质量、办学规模等作出明确规定。

二、对"双高计划"指标体系的解析

先让我们来分析一下《遴选办法》中第十一条和第十二条确定各项指标：

对申报学校的条件进行了规定，其中：第一款规定，"学校办学条件高于专科高职学校设置标准，数字校园基础设施高于《职业院校数字校园建设规范》标准。"

学校的办学条件，确实是体现学校硬件实力的关键指标，但是，要求申报学校办学条件高于专科高职学校设置标准、数字校园基础设施高于《职业院校数字校园建设规范》标准，便会让人很容易理解为校园面积和建筑面积越大越好，专业数量、招生规模、教学仪器设备、图书数量越多越好，具有副高级专业技术职务以上专任教师人数和比例越高越好，校园数字化水平越高越好。由此，追求"综合性"忽视"专业性"，追求"大而全"忽视"小而精"，便会成为一种必然趋势。

第二款规定，"被确定为《高等职业教育创新发展行动计划（2015—2018年）》省级及以上优质高职学校建设单位；已制定学校章程并经省级备案，设有理事会或董事会机构，成立校级学术委员会，内部质量保证体系健全；财务管理规范，内部控制制度健全；牵头组建实体化运行的职业教育集团，合作企业对学校支持投入力度大；成立应用技术协同创新中心、技能大师工作室；非学历培训人天数不低于全日制在校生数；近三年招生计划完成率不低于90%，毕业生半年后就业率不低于95%；配合'走出去'企业开展员工教育培训、有教育部备案的中外合作办学项目或招收学历教育留学生。"

这一条款，显然体现了扶优扶强和选"龙头"的政策意图。要求申报学校的必须是省级及以上的优质校，学校内部管理运作要规范，要深入开展产教融合，与企业开展密切合作；要在技术技能创新和培训方面开展工作；体现社会认可度的招生计划完成率、毕业生就业率要达到一定标准；要有国际化视野，并有所作为。其中，首要的一项、最为关键的一项、最能体现高职教育改革政策的延续性的一项，也是让多数高职院校失去申报资格的一项，是第一项："被确定为《高等职业教育创新发展行动计划（2015—2018年）》省级及以上优质高职学校建设单位。"也就是说，只有省级及以上的优质高职学校，才有资格申报。如果不是省属院校，显然很难挤进这个行列。

第四款规定，"学校在以下9项标志性成果中有不少于5项：①近两届获得过国家级教学成果奖励（第一完成单位）；②主持国家级职业教育专业教学资源库立项项目且应用效果好；③承担国家级教育教学改革试点且成效明显（仅包括现代学徒制试点、'三全育人'综合改革试点、教学工作诊断与改进工作试点、定向培养士官试点）；④有国家级重点专业（仅包括国家示范、骨干高职学校支持的重点专业）；⑤近五年学校就业工作被评为全国就业创业典型（仅包括全国毕业生就业典型经验高校、创新创业典型经验高校、创新创业教育改革示范高校）；⑥近五年学生在国家级及以上竞赛中获得过奖励（仅包括世界技能大赛、全国职业院校技能大赛、中国'互联网+'大学生创新创业大赛、'挑战杯'全国大学生课外学术科技作品竞赛和中国大学生创业计划竞赛）；⑦教师获得过国家级奖励（仅包括"万人计划"教学名师、全国高校黄大年式团队、全国职业院校教学能力比赛获奖）；⑧建立校级竞赛制度，近五年承办过全国职业院校技能大赛；⑨建立校级质量年报制度，近五年连续发布《高等职业院校质量年度报告》且未有负面行为被通报。"

这一条款，既可称之为教育改革成果的一次全面梳理，又对申报学校的软实力提出了很高的要求。申报学校唯有积极总结提炼教学成果，参与国家级成果评选并获奖；积极承担国家级专业教学资源库、教育教学改革试点；承办国家级技能大赛，组织学生和教师参加国家级竞赛或评选，等等，才能具备申报资格。可是，职业院校终究是为企业服务的，对企业贡献度的缺失，对基于企业需求进行创新的业绩缺失，显然，会让有些职业院校特别是行业企业办学的职业院校，失去申报资格。

对申报专业群的条件进行了规定，其中：第一款规定，"专业群定位准确，对接国家和区域主导产业、支柱产业和战略性新兴产业重点领域。专业群组建逻辑清晰，群内专业教学资源共享度、就业相关度较高，形成优势互补、协同发展的建设机制。专业特色鲜明，行业优势明显，有较强社会影响力。"

这款规定，对专业群的定位、建设机制以及特色、优势提出了具体要求。专业群首先要服务国家经济建设发展，要与国家发展战略相契合；其次专业群内部资源要共享，对就业要起到促进作用；最后要具有鲜明的行业特色和优势。但是，由于没有明确评价主体，没有规定专业群的社会效益评价方式，也就难免会出现"自话自说"等现象。

第二款规定，"专业群有高水平专业带头人和教学创新团队，校外兼职教师素质优良。实践教学基地设施先进、管理规范，基地建设与实践教学项目设计相适应、相配套。校企共同设计科学规范的专业群课程体系，反映行业领域的新技术、新工艺、新规范，信息技术深度融入教育教学，线上线下课程资源丰富。"

这款规定，对专业群建设的师资、实训基地建设、课程体系、教学技术和资源提出了要求。专业群的师资团队要由学校和企业的专兼职师资共同组成；实训基地要与实践教学的需求相适应；课程体系要由校企共同设计，符合行业最新的发展，满足企业用人需求；教学手段要广泛采用信息技术成果，采用线上线下一体化的教学模式。可是，专业群建设之核心，一者是教师，二者是教研设施，三者是课程体系，如果教师走不出围墙、企业进不了校园、院校体现不出"重资产"特征，单凭校企之间短期合作来进行创新创造，显然，不仅力度不够，也很难发挥引领作用。

第三款规定，"专业群生源质量好，保持一定办学规模。建立毕业生就业跟踪调查机制，学生就业对口率、用人单位满意度、学生就业满意度高。与行业企业深入合作开展科技研发应用，科研项目、专利数量多。"

这款规定，对专业群建设的效果提出了具体要求，要求申报的专业群的就业前景要好，人才培养质量高，与行业企业的合作要深入，具备科研创新能力，具有一定的社会影响力，能够吸引一定数量的优质生源。不过，既然职业教育是类型教育，就要充分考虑类型教育的覆盖面，也要充分考虑教育对象的知识层次。若是按此规定进行操作，便会让职业院校基于"出口担忧"而控制"进口质量"，进而把一部分人推出职业教育。

三、指标体系中的几点不平衡

实际上，认真分析研究"双高"指标系统的有关条件，可以看到其中存在着诸多不平衡性。主要体现在：

1. 标志性成果不能充分体现类型教育特点

这些标志性成果，延续了层次教育的特点，放弃了产业融合的特性，没有体现职业教育的禀赋。职业教育的重要职能和禀赋，体现在与企业的深度融合，为经济社会发展提供强有力的智力支持和技术技能人才保障，助力企业创新发展、高质量发展。

职业教育作为一种类型教育，首先，最为显著的特点是职业，是以促进就业、对接科技进步发展趋势和行业企业发展需求为导向，教学资源体系与企业需求保持一致性，帮助学生熟悉生产环境，掌握基本的工作技术技能，具备一定的职业能力。其次，才是职业的教育，体现在文化素质和职业技能的有机结合。办学主体要由学校和企业共同组成，让学生知其然，也知其所以然；学校利用其教学优势，帮助学生更好地理解所从事行业的所需知识和操作的技术技能；企业利用其实践优势，帮助学生加深对所从事工作的理解。因此，不能充分体现职业教育类型特点的指标是有缺陷的。

2. 企业参与类指标体现不足

2014年，《国务院关于加快发展现代职业教育的决定》就企业在职业教育中的地位进行了重新界定，首次提出企业要发挥"重要办学主体作用"。"职教20条"提出，"推动企业和社会力量举办高质量职业教育……发挥企业重要办学主体作用，鼓励有条件的企业特别是大企业举办高质量职业教育，各级人民政府可按规定给予适当支持。"

长期以来，职业教育的校企合作，往往是"融而不合""合而不深"，学校习惯于按自己的方式培养人才，企业参与不深，"两张皮"现象由来已久。而在"双高计划"《遴选办法》中，仅仅体现在"合作企业对学校支持投入力度大""校企共同设计科学规范的专业群课程体系，反映行业领域的新技术、新工艺、新规范""与行业企业深入合作开展科技研发应用，科研项目、专利数量多"。企业主体地位在其中得不到充分体现，也无法彻底解决"两张皮"现象。其结果可能是，职业教育继续沿着老路前行，不能真正满足企业对高素质、高质量劳动者的需求，也无益于中国制造2025战略目标的实现。

3. 民办高职院校入选可能性不大

不是所有的职业院校有资格入选"双高计划"，近三分之二的职业院校是没有资格申报"双高计划"的。只有省级及以上的优质校才有资格申报。据统计，31个省份启动优质校建设项目，29个省份发文确定优质学校建设名单，已立项建设的省级"优质院校""一流院校""卓越院校"为456所，也就是说，超67%的高职院校无缘入选中国特色高水平高职学校。据2019年6月10日教育部职业教育与成人教育司公布的《高等职业教育创新发展行动计划（2015–2018年）》项目认定名单，共有200所职业院校被认定为国家级优质专科高等职业院校建设单位，这些高职院校也将是入选"双高计划"最有竞争力的候选院校，不出意外，50所"双高院校"将在这200所学校中产生。

在这200所职业院校中，从资质上看，国家示范高职院校81所，国家骨干高职院校61所，省级示范院校45所，合计187所；从属性来看，公办高职院校199所，占比99.5%；民办高职院校仅1所，占比0.5%。这所民办高职院校有机会杀出重围，成为民办高职院校的优秀代表吗？很难让人拭目以待，也很难具有普遍意义。

4. 遴选的教育层次覆盖不全面

《遴选办法》第十条规定："双高计划"遴选坚持质量为先、改革导向、扶优扶强，面向独立设置的专科高职学校（包括社会力量举办的专科高职学校）。《遴选办法》还列出了一条否决条件，那就是："学校未列入本省升本规划。"那就意味着，"双高计划"的教育层次，仅仅局限在专科层次职业院校，准备升本或已成为本科的职业院校将无缘"双高计划"。这与职教20条中确定的具体指标"到2022年，职业院校教学条件基本达标，一大批普通本科高等学校向应用型转变，建设50所高水平高等职业学校和150个骨干专业（群）"不相符。

众所周知，劳动者素质的高低将决定或影响一个国家或地区社会经济的发展状况。我国经济由高速增长阶段转向高质量发展阶段，急需大量高层次、高素质、高质量的技能型、技术型和工程型专门人才。党的十九大报告指出，"建设知识型、技能型、创新型劳动者大军，弘扬劳模精神和工匠精神，营造劳动光荣的社会风尚和精益求精的敬业风气"，这是新时代赋予职业教育新的使命。职业教育作为类型教育，在培养高素质劳动者和技能型人才的同时，更应该培养大国工匠，助力制造强国战略目标的实现。本科层次的职业教育水平和效果，明显高于专科层次的职业教育，应该真正代表我国职业教育的最高水平。把本科层次的职业教育院校排除在"双高计划"之外，无助于破除社会上"五唯"的顽瘴痼疾，无助于提升技术技能人才成长的社会认可度，无助于引导普通本科院校向应用技术类型的高等学校转型，更无助于实现"双高计划"的预期目标。

四、完善指标体系的几点建议

标志性成果要体现类型教育的特点。"双高计划"要打造技术技能人才培养高地和技术技能创新服务平台，其指标体系应更加强调高职院校在国家创新驱动战略中发挥重要的创新主体地位，服务"中国制造2025"和产业升级，为产业迈进中高端提供技术技能人才支撑；应更加强调面向区域经济社会发展急需紧缺领域，大力开展高技能人才培训；应更加强调深度参与企业技术改造与更新，促进创新成果与核心技术产业化，与企业特别是中小微企业一同开展科技成果推广转化、产品研发、工艺改进、生产技术服务、科技咨询、技能大师培养，实现产品升级，为行业企业创造新的效益增长点；应主动开展技能补偿、拓展教育与培训等服务，在帮助企业提升创新能力的同时，提升自身的职业教育水平。

把产教融合作为一项关键指标，真正体现企业的主体地位。职业教育最终是为企业服务的，与普通教育和成人教育相比较，职业教育侧重于实践技能和实际工作能力的培养。应该说，在技能人才培养领域，企业最有发言权。因为，只有在市场竞争中的企业，才知道需要什么类型的劳动者，所以，最有指导职业院校的培养方向的发言权，也最有资格检验职业院校人才培养成果。职业教育人才培养的实践证明，没有企业这一重要主体参与，职业院校难以培养出行业企业满意的高素质人才。因此，企业应该也必须是职业教育的主体，也只有在专业设置、人才培养方案研制、专业标准和课程标准制订、实验实训、顶岗实习、毕业设计等人才培养各个环节都发挥主体作用，才能真正实现产教融合。

加大民办职业院校政策倾斜力度。近年来，我国的高等职业教育取得长足发展，特别是民办高等职业院校，日渐成为一支不可或缺的教育力量。《国家中长期教育改革和发展规划纲要（2010-2020年）》指出："民办教育是教育事业发展的重要增长点和促进教育改革的重要力量，要大力支持民办教育，支持民办教育创新体制机制和育人模式，提高质量，办出特色、办出一批高水平的民办学校"。民办高等职业院校具有自主办学、经费保障、机制灵活、资源丰富等优势，但在办学方向、经费来源、师资能力、招生来源等方面同样存在不少问题，特别对办学主体而言，由于受办学回报率低、政府支持率低、社会认可度低等因素影响，很大程度地限制了持续投资的积极性，也制约了民办高职院校的发展。破解民办职业院校发展难题，需要国家从政策层面为民办院校创造更好的条件，需要教育主管部门和各级政府的大力支持和扶持，这样，才可能在职业教育领域内出现"华为"式的优秀职业院校。

补充与完善应用技术类高等学校遴选指标体系。增加本科院校遴选"双高"指标体系，拉长培养周期、拓展培养内涵，着力打造更高层次职业教育，着力培养"知识型、技能型、创新型"和"具有劳模精神、工匠精神、敬业精神"的人才。这同时会极大促进普通院校向应用技术类转型的积极性。

一直以来，"专升本"是教育体系的热门话题，也是高职院校的职业梦想。升本成功的高职院校，意味着能够享受政府和社会的更多资源，意味着学费水平、招生数量、生源质量、办学水平等方面的跃升。不过，这仅仅是普通教育思维，没有从类型教育本质出发，使"专升本"变成职业教育能力的真正提级。就此，《国务院关于加快发展现代职业教育的决定》要求，"引导普通本科高等学校转型发展。采取试点推动、示范引领等方式，引导一批普通本科高等学校向应用技术类型高等学校转型，重点举办本科职业教育。"这才是"专升本"乃至本科院校转型发展的真正方向。

第十章

"一体双育四特色"模式的内涵

近年来,我们认真贯彻落实国家关于现代职业教育发展的战略部署,广泛学习借鉴国内外先进理念与实践经验,紧紧围绕电力行业特别是电网企业人才需求,立足自身优势,遵循职教规律,积极推进产教结构要素全方位融合建设,逐步形成了"一体双育四特色"职业教育模式。这一教育模式,集中体现了现代职业教育的根本属性和类型教育特点。总结并深入发掘这一模式所蕴含的教育思想和实践经验,对于新时代职业教育改革发展,应该具有一定借鉴价值与现实意义。

一、一体:即实施职业培训与学历教育一体化运作

企业员工培训机构与国家职业教育单位(学校),是我国现代职业教育体系的重要组成部分,但目前受现有体制机制制约,双方虽各有优势,但大多平行发展,难有交集。我们不能用简单的思维来应对职业教育,也不能以固守的认识来看待职业教育,特别不能"让简化机制赋予意义,进而来认识、教育和传导",这会让职业教育淡化本色、失去活力。实施企业员工培训机构与国家职业教育单位一体化运

作，实现企业培训与学历教育的职能合一，有利于实现两者资源共享、优势互补。在这一办学模式下，企业既是员工培训机构的举办主体，也是职业教育单位（学校）的投资主体，既可以发挥职业教育机构专业性优势，保证企业用人与国家职业教育体系的紧密衔接，又可以发挥企业的人才和技术优势，保证职业教育的先进性和针对性。同时，企业还能够提供学生就业平台和职业发展舞台，可以促进人才培养供给侧和企业需求侧结构要素的全方位融合，为推进校企协同育人，提高人才培养质量，服务企业高质量发展奠定坚实基础。

2008年，我们从学历教育转型职业技能培训，并没有仅仅顺延学历教育办学体制，而是主动适应职业教育和企业培训双向要求，统筹规划建设生产性实训设施和专兼结合的师资队伍，软硬件办学条件持续提升，筑造起以重资产、双师型为主要特征的培训教育体系，进而形成"一体双育四特色"职业教育模式，有力促进了各项事业发展。

这一模式，为深化产教融合打造了新载体。在组织形态上，聚焦企业培训与职业教育两个方面的机构、功能、资源等结构要素的融合发展，实现了企业培训机构与学校教育主体合一（两块牌子、一套人马），学历教学系部与培训组织单元（培训部）合一，专任教师与兼职培训师使用合一，学生校内实习与学员实训设施合一，构建起了职前与职后教育一体发展、企业培训与职业教育两翼并举的办学格局，在国内率先探索、走出了一条校企协同育人的新路子。

这一模式，为强化校企合作提供了新途径。近年来，我们依托院校合一、一体化运作优势，坚持以企业方式，主导学校教育教学改革；以岗位需求方式，主导专业规划、教材开发、教学设计、课程设置、实习实训；以企业战略发展要求，推动专业建设与行业企业改革发展相适应，建立紧密对接产业链、创新链的实训设施体系、专业课程体系。大力建设企业急需紧缺专业，新设专业吸收相关电力行业、企业参与。依托或联合企业设立创新基地、实践基地，促进供需对接和流程再造，构建校企合作长效机制，促进企业需求融入人才培养各环节。

在坚持校企协同育人的同时，扎实推进校企一体化职教创新，主动拓展校企合作新的领域。坚持将企业生产一线实际需求作为学校研究选题的重要来源，围绕关键技术、核心工艺和共性问题，坚持产学研用相结合，大力开展协同创新和成果转化。适应新一轮科技革命和产业变革及新经济发展，促进学科专业交叉融合，加快推进跨界创新，提升支撑服务企业发展和经济社会建设能力。

这一模式，为实施精准教育奠定了新优势。近年来，我们依托院校合一、一体化运作模式，充分发挥了企业办学主体作用，拉近了人才培养需求路径，进而让教育功能更加精准。我们建立健全了需求导向的人才培养调整机制，根据行业企业人才需求预测、就业市场供求比例，及时调整学科专业设置和培养规模；突出学生实践能力，根据行业企业职业标准与岗位素质能力模型，及时优化课程设置、更新教材内容。面向企业真实生产环境，建设与现场一致的校内实习实训设施，推行任务驱动、情景教学方式，受到用人单位欢迎；面向偏远地区、艰苦岗位，与企业联合开展订单式人才培养，积极推行现代学徒制，形成了以就业为导向、契合企业需求、符合学生学员成长规律的人才培养培训模式，既提升了精准教育的运作水平，又开创了教育扶贫的典型案例，取得了良好社会效应。

二、双育：即普通教育与职业培训双向育人

近年来，我们坚持以立德树人为根本任务，将工匠精神培育融入教学全过程，大力推行教学做一体化情景教学和工学结合、任务驱动行动式教学模式；开展现代学徒制试点，积极推动学校招生与企业招

工相衔接，构建了校企育人"双重主体"、学生学徒"双重身份"以及学校、企业和学生三方权利义务明晰的协同育人机制，逐步形成了教培协同、育训结合、德技并修的育人机制。在培养对象上，覆盖企业员工与在校学生；在培养内容上，坚持德技并修；在培养方式上，突出实操实训。实现了学历教育与职业培训、社会功能与企业职责的内在统一，打通了职前职后培训通道，形成了普通教育与职业培训双向融合、双向培育的特色体系。

这一模式，围绕"谁来育"问题，强调了校企双主体协同育人。 当前，为满足产业升级和经济结构调整需要，国家明确要求加大教育改革创新力度，不断深化产教融合、校企合作，强化企业重要主体作用，推动企业深度参与协同育人。作为现代职业教育重要主体，企业应该不是被动而是主动、不是配合而是主导，更深入地参与学校教育过程，因为：一方面，实现人才供给侧与需求侧的紧密衔接，可以有效解决职业教育人才培养与用人单位需求相脱节的问题，从而提高职业教育人才培养的针对性，进而反哺校企双方各自需求；另一方面，职业院校可以充分利用企业的真实生产环境，突出学生实操技能培养，提高人才培养质量。同时，通过校企协同育人，可以为教育教学改革创新创造良好条件。

我们坚持学历教育与职业培训并重，按照训育结合、长短结合、内外结合的要求，面向在校学生、企业员工、社会成员开展职业培训，全面推进国家电网有限公司内部技能人才等级评价，积极开拓培训市场，拓宽培训范围，提高培训效益；邀请行业企业深度参与技术技能人才培养培训，按照专业设置与产业需求对接，课程内容与职业标准对接，教学过程与生产过程对接的要求，完善人才培养、教育教学各类标准；创新复合型技术技能人才培养培训模式，积极参加1+X证书制度试点，鼓励学生在获得学历证书的同时，取得多类职业技能等级证书；探索推进职业教育国家"学分银行"建设；主动引进企业资金、技术、知识、设备、设施和管理等要素，深度开展校企合作，着力打造一批校内外高水平实训基地，提升合作育人水平。

这一模式，围绕"培育谁"问题，明确了在校学生与企业员工双向融合培育。跨界与融合是现代职业教育最为显著的特征。作为一种跨界教育，职业教育跨越了企业与学校、工作与学习，跨越了职业与教育的专属规律；作为一种融合教育，职业教育融合了知识与技能、文化与素质，融合了教育与产业培养规律。鉴于此，《方案》明确指出，职业教育包括职业学校教育和职业培训，学历教育与培训两者都是职业院校的法定职责。

11年来，我们主动适应职业教育跨界与融合特点，自觉打破学校本位的职教模式，迅速建立起企业本位的职教模式，加快由普通教育办学向企业深度参与转变，不断拓宽职业教育培训功能。充分利用行业优势培训资源，通过设立区域分院和合作基地，积极构建集约化大培训体系，形成了涵盖50余家国家电网有限公司所属省公司、直属单位的人才培养共同体。主导统一了培训标准、培训课程、培训流程、培训评价，培训功能日益完善，培训规模大幅扩张，培训能力显著提升。公司新入职员工培训实现全员覆盖，各级各类技术技能人才培养培训机制日渐成熟。大力发展互联网+教育培训，建立运营公司网络大学，知识集成、移动学习深入发展。服务国家"一带一路"战略，国际化培训取得积极反响。连续多年入选中国一流企业大学行列，并正向国际一流企业大学目标阔步迈进。

这一模式，围绕"育什么"问题，突出了育德与修技双维度培养人才。以培养高素质劳动者和技术技能人才为目标，以"打造铁的纪律、培育职业素养、锻造工匠精神"为理念，以社会主义核心价值观、优秀企业文化、工匠精神为重点，全面落实立德树人根本任务，不断加强和改进学生学员思想政治教育，增强社会责任感、职业自豪感。突出产教融合特点，强化学生学员实操实训教学，紧密结合生产实际开展教学资源建设与更新，及时将新技术、新工艺、新规范纳入教学标准和教学内容，开发具有电力特点、贴近生产实际，符合德技并修、育训结合要求的精品课程体系和教材体系，着力提升培养对象创新精神和实践能力。

近年来，我们围绕德技并修培养要求，坚持"以师立校、立德树人"，扎实推进"三教"改革。在激励体制上，打通人才晋升四个通道；在培育机制上，探索开展教师队伍"五力评价"；在党建引导上，着力建设"四有"师资队伍，将教师之德放在首位，把教师之能作为重点，全面打造一支师德高尚、师能卓越、作风过硬、富有开拓创新精神的教师队伍，为新时代学校事业发展奠定坚实人才保障。同时，大力开展教法改革，全面推行翻转课堂、分组对抗、任务驱动等教学模式；依托实训场所实现"工作场景"和"教学情境"一体化；运用现代信息技术改进教学方式方法，推进虚拟工厂等网络学习空间建设和普遍应用，激发学生学员学习兴趣和主动性、创造性。

三、四特色：即定制化、现场化、市场化、国际化

中国的经济发展需要大量的技能型人才，但是各地产业发展水平不一样，产业结构也不一样，这就要求学校培养人才的类型、层次、特点，要与产业发展和社会发展高度的契合。"四化"的形成，是在总结国内外职业教育发展理念和成功实践基础上，关于建设国际一流企业大学四个维度的规划设想，集中反映了对职业教育改革方向、内在规律、精髓要义的认识，深刻体现了新时代职业教育的发展内涵与战略路径，对"什么是好的职业教育，如何发展好的职业教育"这一重要时代课题，提供了初步答案。

具体而言，"定制化""现场化"体现了职业教育人才培养的实践

性特色，及行业企业用人的个性化需求；"市场化""国际化"则体现了职业教育基于服务经济社会发展的内在功能性要求。"四化"特色体系，具备通用型人才培养和普惠性社会服务的典型特征，是提升职业教育的重要阶梯，也是实现一流职业教育的建设核心。

1. "定制化"，是产教融合人才培养的有效方式

近年来，我们聚焦行业企业特点，依托特色优势，加快类型教育的职能转变，率先在国家电网有限公司系统形成示范效应。坚持服务企业发展，服务经济社会建设，突破自我边界惯性，先后与新疆、蒙东、北京、浙江等省级电力公司签订定向联合培养协议，开展现代学徒制试点，在融合产教、密联企校、教育扶贫等方面，特别是在生产一线、艰苦岗位人才培养方面取得良好效果。大规模、全覆盖开展的新员工集中培训，充分体现国家电网有限公司的组织需求和各用人单位的具体需求，以企业文化宣贯、技术标准宣贯、职业素养培育、工匠精神锻造为主线，具有明显的定制化特征，在公司技能人才队伍建设方面取得了骄人的业绩。

坚持职业为基、教育赋能，紧紧围绕企业发展用人需求，将职业教育形态、过程、手段进一步密联行业、企业、工种、岗位，实施定制化、智能化教育。对照行业、企业和岗位需求和标准，坚持久久为功，从源头上健全办学标准体系，更新教学标准体系，完善评价载体，提高育人质量。发挥大行业、大产业作用，多层次制订校企合作发展战略，深入打造"产教融合型企业"，不断健全完善学生实习企校共赢机制，从根本上解决"谁培养，谁使用"的问题。适应企业办学要求，重视教师和校长的专业任职标准，提升院校教学管理和教学实践能力。持续更新并推进专业目录、专业教学标准、课程标准、顶岗实习标准、实训建设标准等落地实施，真正把德技并修、工学结合的育人机制落到实处。勇于突破基于教育看教育、基于问题看问题的

惰性思维，瞄准经济社会发展、产业结构优化升级，及时调整人才培养类型、层次，在更高水平、更宽领域上为产业发展培养定制化人才，实现职业教育与产业企业的高度契合。

2. "现场化"，是职业教育实践性的本质体现

近年来，我们发挥行业办学、院校一体优势，坚持把实习实训室、场、基地建设作为产教融合的重要载体，通过资金投入、企业捐建、校企共建等方式，基本建成了覆盖电网各专业工种、与生产现场一致的实习实训设施，最大限度在校内再现企业工作环境，为开展生产性实习实训、突出实践技能培养构建了良好育人环境。在校外，进一步健全生产性实习实训制度，大力推行面向企业真实生产环境的任务式培养模式，采取多种方式，积极与优势企业共建共享一批集实践教学、企业培训于一体，生产性、专业化、高水平产教融合实训基地。同时，多措并举打造"双师型"教师队伍，全面实施教师素质提高计划，建立定期轮训制度，组织教师到企业实践，学习专业领域先进技术，提升教师实习实训指导能力和技术技能积累创新能力。

针对现场化教学要求，学校要通过强化教师和企业技师"双导师"团队建设，发挥校企双方优势，共同开发专业教学标准、课程标准以及配套教材和信息化资源。通过实施育训结合、工学交替、在岗培养，着力培养学生学员的专业精神、职业精神和工匠精神，以及职业道德、职业技能和就业创业能力。通过开展1+X证书制度试点，普及项目教学、案例教学、情境教学、模块化教学等教学方式，广泛运用启发式、探究式、讨论式、参与式等教学方法，推广翻转课堂、混合式教学等新型教学模式，推动课堂教学革命，提升育人质量和水平。

3. "市场化"，是确保职业教育高质量发展的根本法则

随着我国市场经济深入发展，市场在资源配置中的决定性作用日

加凸显。作为与市场主体企业紧密联系的职业教育，在牢固坚持教育公益性原则前提下，主动增强市场化意识，在办学实践与人才培养过程中积极引入供给与需求观念、成本与资产管理、质量与服务意识，不断提升核心竞争力和综合实力，努力确保办学规模与企业用人需求相协调，实现经济效益与社会效益相统一，无疑是必须突破的发展路径。

近年来，我们基于企业本位职教模式和重资产管理特征，在深度研究分析的基础上，打造数字化资源利用体系与集约化资源调度体系，让隐形资源"显性化"、运行资源"在线化"，挖掘资源潜力、释放资源价值、提升知识价值，运用市场杠杆评价培训教学能力，走出了一条市场化发展的新路径。坚持以人为本、以师立校，进一步健全完善教师收入分配机制，以"工资是挣出来的，奖金是干出来的"为基本理念，聚焦"多劳多得、优劳优酬、绩效优先"，不断优化考核方式，从常规课程、市场化培训、科研开发、国际化项目等维度确定贡献度，进而确定教师收入水平。完善市场开拓配套政策，引导广大教师增强市场意识，不断开拓国家电网有限公司内外职业培训市场；大力推进书证融通，深化技术技能人才培养培训模式和评价模式改革，强化技能评价在办学模式、教学方式、人才培养等方面的引领作用，加速构建符合企业要求，反映个人综合能力的职业能力等级认证体系，并以此为契机，不断扩大行业企业内部培训，增强院校造血功能，切实提高职业教育投入产出比，真正实现自主发展、高质量发展。

4. "国际化"，是职业教育服务国家开放战略的担当之举，也是自身建设发展的迫切需要

只有学会从未来思考明天、考量今天，我们才能行稳致远。随着"一带一路"建设的深入推进，世界经济全球化进程跨入新的历史阶段。我国全方位、多层次、高水平开放新格局正加快形成，无疑为职

业教育发展带来新的机遇。我国产业的国际化，从"走出去"到"走进去"再到"走上去"，必然要求更多的国际化人才，同时也需要国际人才"中国化"。而作为人才培养的主体组织，职业教育必须实现国际化，才能承担起国家开放战略的落实，才能更好地服务我国产业国际化发展。另外，国际化也是职业院校"双一流"建设的内在要求，应该自觉对照"双高"标准，主动从国际化的角度审视自己，以更高的标准衡量评价自己；从未来观、全球观、全局观，找准自身在国家、行业、企业开放战略中的地位。

近年来，我们坚持以"123"（即打造"一个平台"，提升"两个能力"，形成"三个支撑"）为战略构想，致力于打造具有国网特色的技术技能国际培训交流平台，致力于提升"国网标准"技术技能培训能力与"国网特色"品牌文化传播能力，致力于尽快形成对公司国际化培训的课程资源支撑、尽快形成对公司国际化培训的师资团队支撑，尽快形成对公司国际化培训的远程后台服务支撑。

具体而言：所谓"一个平台"，就是基于国网技术学院的功能定位，切实发挥学院国际化培训的主阵地功能，同时有效整合公司国际化培训优质资源，全力打造具有国网特色的技术技能国际培训交流平台；所谓"两个能力"，就是基于国内、国外两种不同形态的培训需求，重点加强院校国际化业务的语言驾驭能力、技能传授能力、文化传播能力、服务保障能力培养，整体提升"国网标准"技术技能培训能力和"国网特色"品牌文化传播能力。所谓"三个支撑"，就是基于满足公司国际化市场拓展和海外项目短期、中期与长期运营的不同需要，有计划、分阶段开发国际化培训课程（课件），有重点、分层次培养国际化培训师资团队，有系统、分门类提供国际化培训远程后台服务，着力打造坚强的公司国际化培训支撑保障体系。

到目前为止，不仅建设了一批具有国际影响力的专业、课程、教材、师资，而且通过不断拓宽国际化渠道与业务，积极引入先进办学理念、方式和课程体系，丰富国际化元素，营造国际化氛围，面向公司国际业务所在国家开展人才联合培养，积极承接"走出去"中资企业海外员工教育培训，输出中国文化、中国标准、中国智慧，促进中外人文交流，逐步创建与我国先进产业发展相匹配、具有中国特色的国际一流教育品牌。

20世纪我们追求大教育，21世纪我们必须追求好教育，好教育不在于规模有多大，关键在于高质量、可持久，具有未来发展的引领性。随着我国改革进入深水区和攻坚区，职教改革将不仅仅局限于职业教育领域，高校会参与，企业会参与，社会力量也会参与，因为这是机遇，也是一种新兴产业。基于此，我们相信在未来5到10年，职业教育必将会产生巨大的影响和深远的变化。

第十一章

在跨界中融合，才是正确方向

职业院校的跨界融合，从形态上看，涉及很多领域，但其根本还是产教融合。产教融合，说到底是基于经济转型对人才转型的要求，带动所需人才结构转变升级，从而推动学校人才培养结构转变升级。但是，要想将产业与教学相互融合、相互促进，进而把学校办成集人才培养、科学研究、社会服务为一体的产业性经营实体，仍然有着很多障碍性因素。

一、跨界融合真的很难

当前我国产教融合，实际上存在这样一些现实性障碍：一是以政府办学为主体的职业教育，由于权力边界以及角色定位比较模糊，往往与市场经济无法接轨。二是治理体系相对固化，决策与管理大都呈现按部就班特征。三是在教育功能建设上，横向可以融合，纵向无法衔接，市场机制难以落地。四是缺乏体系性的产教融合法律与政策协同机制。五是"学术漂移"现象，仍然是产教融合最不和谐因素。

何为学术漂移？伯吉斯（Tyrrell Burgess）在1972年对此做了明确的界定，就是非大学的教育机构按照或模仿大学的学术方式来引导其实践活动的一种形态。现在，很多职业院校不能准确把握职业教育的性质，仍沿袭普通教育办学模式和思路，将高职办成压缩型的本科和放大型的中专。办学存在浮躁心理，在专业设置、教学过程、教学方法和评价上，向本科院校看齐，没有把高职教育办学目标落实到教学实践中，也没有突出高职教育的特色。

　　面对长久以来高校教学与企业实际应用脱离的难题，校企合作、产教融合越来越成为高等教育、职业教育改革的重点方向。国家为了支持职业教育的产教融合，相继出台了一系列指导性政策文件。其中，2017年底国务院办公厅发布的《关于深化产教融合的若干意见》是首次由国务院层面提出加强产教融合的文件。因此这份文件也被普遍视为党的十九大后，产教融合最重要的政策文件之一。相较此前的相关政策，《意见》为产教融合的发展提出了新发展点。政策变动的重点由前些年更多强调职业院校内部要进行改革，转变为强调以就业为导向进行校企结合的人才培养方式的改革。

　　2018年以来，从教育部到地方教育部门均有多项产教融合相关政策出台，政策推动下，产教融合发展十分迅速，呈现出显而易见的社会效应。根据教育部数据，2014年教育部首次举行产学合作协同育人项目对接会，当时仅有8家企业发布245个产学合作项目，提供经费1200万元。到2018年，仅第一批项目指南就有346家企业发布项目14831项，提供经费和软硬件支持约35亿元。按比例测算，2018年第一批项目参与企业数为2014年的87倍，发布项目数为121倍，提供资源是500倍。

　　职业教育瞄准的对象是：职业为基、教育赋能。职业院校应当根据自身特点和人才培养需要，主动与具备条件的企业在人才培养、技术创新、就业创业、社会服务、文化传承等方面开展合作。但是，产教融合不能仅仅依赖于政策引导、政策支持，更不能单纯强调行业企业责任，最需要职业院校从思想上进行转变、从体制机制上进行转变。职业院校想要与企业"结伴而行"、互为支撑，就要打破领域之分、学科之界、专业之别，基于知识融合、重组、分化来寻求方法论；就是要始终坚持一切从国情与办学实际出发，继承而不守旧，借鉴而不照搬，追赶而不追随，在与时代的发展互动中不断扩展功能、创新形态。思想跟不上，没有形成内外串联的治理体系与运行机制，也就无法实现产教融合高质量水平。

二、跨界融合之关键，在于师资队伍的融合

更加卓越的职业教育，往往是以"专业—队伍—教学"为核心要素，进而形成育人结构、创新结构，也只要将两个结构通过专业与人才队伍协同起来，才能形成育人和创新的开放平台。但是长期以来，由于师资力量薄弱，"双师型"教师缺乏，阻碍了专业与教学水平的提高，难以适应技术技能型人才的培养要求。大多数普通高校出身的教师，从学校到学校，没有接受过职业技术教育理论和教学方法培训，缺乏在企业或生产一线工作的经验，理论与实践脱节，难以对学生进行实操指导，无法胜任技能培训工作。加上校企合作机制不完善，缺乏内外串联合作机制，高职院校很难长期稳定地聘请到企业技术、管理人员做兼职，教师到企业进行实践学习的机会又非常有限。而一刀切的教师职称晋升条件，又注重学历和学术水平，轻视实践能力，不利于"双师型"教师队伍建设。

建立"双师型"师资队伍，是提高教育教学质量的关键。所谓"双师型"教师，简单来说就是指集理论教学能力和实践教学能力于一体，既能讲授专业理论课，又具有在相关专业、行业领域实际工作的背景、经验的教师。相对于以往在职业教育中重理论而轻实践来讲，加强"双师型"师资队伍的建设，是全面提高应用型人才培养目

标与模式的关键。教师不但要对本专业有较强的理论研究能力，还要对本专业技术有实际应用能力与技术开发能力。这就要求"双师型"教师要具备"双师素质"，这里的"双师素质"包括教师的思想、知识、能力、身体、心理品质等及其质量水平。职业院校加强"双师型"师资队伍建设，主要应该对现有教师内部挖潜进行职业培训，还应该面向市场"招兵买马"，从生产、科研第一线引进高素质的专业人员，另外还要制定有利于教师向"双师型"方向发展的政策措施。唯有提升"存量"、加大"增量"，甚至用"增量"倒逼"存量"，才能真正建立"双师型"师资队伍。

对现有教师进行职业培训，可以采取以下途径：

（1）安排专业教师到企业、科研单位进行定时定点专业实践（最少不低于半年），通过专业实践，教师可以了解所从事专业目前生产、技术、工艺、设备的现状和发展趋势，在教学中及时补充反映生产现场的新技术、新工艺；教师也可以带着教学中的一些问题，向有丰富实践经验的工程技术人员请教，在他们的帮助下提高推广和应用新技术开发的能力。其次，通过加强实践教学环节提高教师的专业实践技能，专业教师要积极承担实践教学任务，在指导课程设计、毕业设计和实训教学中，尽量结合实际，真题真做；在建设专业教室（实训中心）、教学工厂过程中，提高教师的专业实践能力和技术开发能力。第三，到知名企业与教育部批准的职教师资培训基地培训，或是聘请专家和有丰富实践经验的专业技术人员做教员，利用寒暑假期对在职教师进行培训。

（2）从生产、科研第一线引进高素质专业人员，建立兼职教师队伍，是建设"双师型"教师队伍的必要手段。他们可以给学校带来新技术、新工艺以及社会对从业人员素质的新要求；他们可以在与学校教师共同进行教学活动中，促进学校教师向"双师型"转化；他们可以将企业标准、职业作风带进职业院校，进而改变教师队伍职业素养。应该说，在科学技术迅猛发展的今天，建设一支相对稳定的兼职教师队伍，改善职业院校教师结构，以适应人才培养和专业变化的要求，这对职业教育来说，已不是弥补职业师资不足的权宜之计，而是一项必须长期坚持的建设任务。

制定有利于教师向"双师型"方向发展的激励措施，是促进"双师型"师资队伍建设的重要保障。首先，学校要把"双师型"师资建设纳入学校教育发展总体规划，建立继续教育培训制度，建立教师定期实践制度，根据教师的年龄、学历、经历制定出具体的培训计划。其次，学校要建立"双师型"教师评价考核体系，设立"双师型"教师津贴等激励机制，促使更多教师成长为"双师型"教师。第三，要提高"双师型"教师的地位、待遇，不断改善他们工作生活条件，如在选拔培养专业带头人、出国进修培训、申报高一级职称时给予优先考虑，并把教师的实际工作阅历和效果作为聘任、提薪和职务晋升的重要条件之一，在提升优秀"双师型"教师荣誉感、获得感的同时，逐步淘汰不合格教师。

三、跨界融合之核心，在于学生学习实践的深层次融合

"双元制"职业教育是战后德国经济腾飞的秘密武器，它所解决的问题是普通高等教育所无法解决的。"双元制"职业教育以极强的针对性和实用性，缩短了企业用人与学校育人之间的距离。德国的职业教育不同于一般的大学教育，大学教育重视理论学习，是学科体系，而"双元制"职业教育是由企业和相应的职业技术学校共同完成的职业教育。主要特点有两个：一是能够满足企业的需要，企业和经济发展需要多少人，就培养多少人；二是以技能培训为主，考试也重

在技能。

《关于深化产教融合的若干意见》明确提出了实践性教学课时不少于总课时的 50%。校内实训和校外实习是职业院校实践教学的主要形式，是培养学生实践能力和职业技能的根本途径，是使学生由课堂和书本知识走向就业和职业岗位的重要桥梁，是使学生养成良好职业道德和严谨工作作风的基础。实习环节完成后，学生还要进入实践教学的最重要的环节——到企业中去实习，到岗位中去实习，体验真实的工作环境。学生只有经过实训教学和实习教学这两个实践教学的全过程，才有可能完成从一名普通学生到有一定职业技能的学生，再到具备某专项职业能力的技能型人才的转变。实践证明，加强实践教学环节，必须大力加强职业教育实训基地建设。然而，总体而言，实训条件不足仍然是当前制约整个职业教育质量提高的关键因素之一。所以，校内实训必须加大投入，体现"重资产"特征，以真刀真枪的生产性实训为主要形态。仅仅局限于消耗性实训、仿真性实训、观摩性实训，是培养不出过硬本领的，过硬的本领只有在真刀真枪的磨砺中才能培养出来。

职业院校毕业生的最大优势，就是具有较强的职业意识和动手能力，能够实现零距离上岗。这一优势的取得，既依赖于体系完备、运行良好的实训实习基地，依赖于学校营造的生产实践环境，也依赖于学校一如既往地重视实践性教学环节的组织，依赖于理论教学和实践教学有机结合、相互促进的教学体系。校企融合，关键在于学生学习实践的深层次融合，也只有凭借校外实训、实习基地来培养学生实践能力，通过深入企业的实践，将教学过程延伸到企业，让学生贴近生产一线，才能保证学生真正学到新技术、新工艺、新知识，进而能够培养工程意识、团队意识、诚信意识、协作精神和敬业精神。总之，坚持校内实验实训基地与校外实践基地的有机结合，构建一个能够充分利用学校内部资源和企业优质教育资源的立体化人才培养模式，并通过校内仿真环境的实习和校外实训基地的实践，学生能够获得最直接、最有效的职业岗位经验和知识，从而实现从学校到社会、从理论到实践、从模拟岗位到实际工作岗位的无缝对接。

四、跨界融合之方向，在于校企共建、共生共享

什么样的实训体系，决定了什么样的职业教育水平。而实训体系建设，往往需要投入大量的人力、物力和财力，需要有相应的技术支撑，仅仅依靠学校是难以想象的，必须拓宽实训资金、设备、人员的来源和渠道，调动各方面的积极性，以"校企共建、共生共享"方式来共同建设。

根据承担主体的不同，实训体系分为校内实训、企业实训两种形态。校内实训设施，鉴于条件不同、投入受限，常常以小型配套、仿真模拟为主，也往往跟不上技术发展步伐。企业实训基地，大都没有专门的实训场地和设备，只是与企业的生产场地与设备融合在一起，由于不是专门规划、系统设计，所以很难达到"教学做"同步进行教育标准。目前，职业院校与企业的合作，多属于民间、自愿、协商性合作，缺乏强有力的法律与政策支持。要让企业自愿拿出资金、设备投入职业教育实训基地的建设，根本措施只有一条，就是把职业教育纳入企业职工队伍建设体系，使企业通过投资职业教育能够获取真正收益。

实际上，职业院校的很多实训设施，在教学之外多处于闲置状态，而很多企业由于规模不大、经费短缺，很难独立建设自己的培训体系。由此，也就构成了校企之间不平衡、不充分矛盾。院校完全可以将实训设施向企业出租，以缓解经费短缺的状况；企业也完全可以利用院校资源，来完善自己的培训体系。另外，院校除了完成校内实

训课程之外，也可以扩大培训项目，面向企业进行技术培训。只要职业院校能够眼睛向内，充分利用设备、场地、知识体系以及师资队伍等资源优势，不断挖掘培训内涵，探索践行社会开放，就一定能够彰显出自身的知识价值、平台价值。

五、跨界融合之本质，在于创新体制、创新文化、创新人才、创新知识

职业教育要面向社会，主动适应经济和社会发展需要。对标这一教育本质、迈向这一社会属性，就必须将建设更加卓越的创新型职业教育作为战略选择，在使命担当、生态格局、动力系统等方面实现转型升级，更加追求系统化构建，更加强调内部结构与外部变化的高度互动，更加注重现代化的治理能力保障。

对于职业院校而言，具有明显的平台性、生态性、人本性特征，由此，应积极回应新时代育人要求，以开放教育重塑育人模式，在校企合作、工学结合等方面进行积极探索，不断强化体制创新、战略创新、文化创新、运营创新；要以企业需求为导向，推动教育体系开放、教学主体转变，建设与专业行业发展相结合的人才培养方案，推进课堂教育、文化活动、技能实践、网络阵地"四个课堂"联动融通，不断强化人才创新、知识创新，让学生"听进去、做出来"。

对于企事业单位而言，应积极发挥职业教育的重要主体作用，不计较于投资回报的矛盾，不勉强于校企合作的方式，参与校企合作，共商专业布局，共建专业实训体系，共同培养师资队伍，共同监督教学质量。要积极回应创新发展之要求，切实将企业科研项目、技术优势、需求重点、流程标准、人才资源贡献出来，推动职业教育学科的

交叉汇聚与创新的联合汇聚，与院校一起强化科研组织、创新范式转型和科研协调攻关，强化优势资源的协调利用，共同承担起为社会发展培养合格人才的社会责任和使命。

对于政府而言，应通过立法、政策以及政府补贴等形式，加强校企合作支持力度，并促使职业院校的治理结构既符合我国实际，又具有国际属性，优化调整组织、理顺外部关系、激发人才活力，进而未来发展需要。同时，政府、学校、媒体应加强宣传与交流，更新教育观念，并通过树典型、设奖励等措施，激发企业与社会参与职业教育的热情，营造有利于职业教育健康持续发展的社会风尚。具体地讲，就是要建立完善有利于推动校企合作发展的政策法规，制定出台相应的管理办法，使校企合作制度化、规范化。通过参数调节，以税收、财政为主要调控手段，引导经济资源流向职业院校；采取计划手段，引导院校高水平教师和企业高级技术、管理人员双向流动，共同参与院校的教学改革和企业的技术改造与创新。借鉴西方国家合作教育成功经验，政府公共财政设立校企合作专项资金，对积极参与校企合作、主动接受学生实习、接受教师参与实践的企业给予补贴，引导大企业承担更多的社会责任。树立校企合作先进典型，鼓励和支持企业投资学校，鼓励企业为学校办学提供必要的场地、设施、实习师生劳动报酬等条件；鼓励学校合理有效利用学校的专业、技术、人力等资源优势，拓展市场行为。由政府出台并建立相应的实习生制度，建立学生实习保障制度和工伤保险制度。

跨界融合是职业教育发展的必然。为有效推动这项系统工程，必须在现有政策框架下，进一步健全法规制度、完善部门协同机制、激发多方工作动能，从多方面、多渠道、多维度去思考实践，这样才能更好地促进整个职业院校的发展，才能构建教育和产业深度融合、良性互动的发展格局，解决人才教育供给侧与产业需求的矛盾。

第三部分

新时代职业教育践行观

新时代、新征程,新职教、新天地。新理论,需要践行,新成就,需要奋斗。建设和发展新时代现代化的职业教育,需要政府、企业、学校各负其责,需要广大教育工作者投身其中,需要我们共同努力,用实际行动推进改革,用辛勤耕耘践行理念,用辛苦付出换取技能人才队伍的蓬勃发展。

第十二章

能够让人践行的教育，才是真教育

什么样的教育才是好的教育？有人认为，好的教育就是教会学生认识社会，适应社会的教育；有人认为，好的学校教育就是教会学生做事和做人的教育；还有人认为，好的教育就是启发学生的学习兴趣和自觉性，引导学生不断完善自己的教育。实际上，这些说法如同多棱镜，从不同侧面诠释了教育的主旨。我们认为，能够让人践行的教育才是真教育，对职业教育而言，更是如此。

一、教育本来就是要践行的

如何理解"教育"？这是每一个教育工作者都会思考的问题。在东汉许慎的《说文解字》中对教育的解释是，"教者，上所施下所效也；育者，养子使做善也"。由此看来，"教"就是施教者用语言行为乃至思想引导受教者，让他跟着学，而不单单是站在讲台上讲课。"育"表示教育的内容要"作善"，能让人做有利于他人和社会的事；立德树人之本意，正在于此。

古今中外对教育的论述很多，体现了对教育的不同理解，究其本质，可以发现它们不谋而合地指向教育的实践性。孔子说："学而时习之，不亦说乎？"意思是对于学到的学问，能够经常地实践它，才能体会到学习的快乐。论语开篇的这句话表明了孔子以实践所学为乐的治学态度。

《礼记·中庸》中指出为学的几个递进阶段，即"博学之，审问之，慎思之，明辨之，笃行之"。"博学之"是指为学首先要广泛地涉猎，培养充沛而旺盛的好奇心；"审问之"是指有所不明就要追问到底，要对所学加以怀疑；"慎思之"是指问过以后还要通过自己的思想活动来仔细考察、分析；"明辨之"是指辨明真伪，建立是非取舍的标准；"笃行之"是指既然学有所得，就要努力践履所学，使所学最终有所落实。从这五个阶段中，我们可以看到先贤们做学问、做教育的终极目标，就是要"践行"。

明代王阳明提出"知行合一"，他认为"知"离开了"行"，便不是"真知"；"行"离开了"知"，便是乱"行"。"知行合一"的真实精神在于把"知""行"结合起来，即"知是行的主意，行是知的工夫；知是行之始，行是知之成。"二者的关系密不可分，且相互促进。

马克思认为，人的社会实践活动是人的本质力量的对象化，只有在实践活动的过程中，学习主体的潜能才能得到充分发挥。毛泽东同志曾说："真理只有一个，而究竟谁发现了真理，不依靠主观的夸张，而依靠客观的实践。"他强调实践不仅是检验真理的标准，而且是唯一的标准。马克思和毛泽东不仅是无产阶级革命家，同时也是教育家，他们用伟大的思想教育并带领民众进行了伟大的实践，某种意义上改变了人类的历史。

美国实用主义教育家杜威提出"从做中学"。他认为儿童有天赋的社交、制造、表现等活动的本能，学校应该创造出社会化的生活环境，让学生"从做中学"。英国艺术评论家园斯金指出，"教育不在于使人知其所未知，而在于按其所未行而行。"他们的观点都在强调

"做"的重要性。

中国现代职业教育创始人之一陶行知认为：职业教育区别于普通教育的一个显著特征就是"教学做合一"。他指出："教学做是一件事，而不是三件事，我们要在做上教，在做上学。"他的认识论公式就是"行—知—行"，即实践是一切理论知识的来源，实践又需要科学的理论来指导。他特别强调以下几点：第一，职业教育要理论联系实际，学以致用，注重培养学生的动手能力、实践能力和实际操作能力。第二，在培养职业学生的实践技能的同时，要鼓励学生在"做"的过程中发挥创造精神。第三，职业教育教学要针对所要完成的任务，遵循工作逻辑主线组织教学的任务式教学法，颠覆传统教学按照知识逻辑主线组织教学的灌输式教学法。

以上教育观点，都不约而同地强调了实践的重要性。也就是说，职业教育的目的是培养应用人才和具有一定文化水平和专业知识技能的劳动者，与普通教育和成人教育相比较，职业教育更加侧重于实践技能和实际工作能力的培养。

二、职业教育如何才能让人践行

职业教育的主要任务是唤醒学生内在的活动潜能，使其在实践活动中提高实践能力，展现实践精神。那么，如何才能实现让人践行的教育呢？我们可以从以下几个方面着手。

（1）要加强思想引导。 为了激发学生学习的积极性和主动性，养成良好的学习习惯，树立正确的就业观念，在学生进入学校之后，就要对学生的思想进行引导。学校除了对学生进行专业理论知识的教育之外，同时要将教育的领域延伸到职业的认知上。学校可以请企业的技术人员或者往期毕业生对学生进行知识以及行业特点、就业前景的讲解，使学生养成正确职业观。在这个过程当中，要让学生明确学习和工作之间的关系，只有学生不断提高职业认识，树立正确的价值观和就业观，才能使学生学习的积极性和主动性得到提高。当然，"启发式"思想引导，要好于"说教式"思想引导；"情景式"思想引导，要好于"启发式"思想引导。与工作对接、与榜样对照，让学生看到学习方向、学习价值，是激发学习动机的有效方式。

（2）要改进教学方法。改进教学方法和手段，要重在融"教学做"为一体，强化学生能力的培养。"教学做"一体化教学，"教"是主导，由此，在教学理念上，要坚持以岗位为依据，以职业能力培养为核心，以学生为主体，以任务为驱动，教师扮演教学设计者、学习指导者、学生合作者等角色；"学"是主体，它对学生的独立学习能力、合作能力、探究能力等提出了新的要求，由此，由"教学生"变为"教学生学"之方式创新十分重要；"做"是核心，"做"即反复训练、难度递进、重点强化，保证人人能够进步、有所提高，由此，在人才培养过程中，要做到学习领域与工作领域一致、学习内容与工作内容一致、学习过程与工作过程一致，将知识学习、技能训练、素质培养融为一体，这也说明由"教学生学"变为"教学生学会"之课程创新十分重要。

（3）要提高师资水平。百年大计，教育为本；教育大计，教师为本。所谓亲其师，才能信其道，也就决定了在教师队伍建设中，师德师风建设是根本，教师要树立正确的历史观、民族观、国家观、文化观、教育观。教师队伍教学能力建设是造就教育影响力的根本要素，这既需要打造师资队伍中的高端人群，包括行业引领型、大国工匠型、国际视野型教师等群体，进而带动教师队伍业务能力整体提升；又需要在专业教育中结合人才发展与技术创新的趋势特征，引入行业企业的流程与标准，将技术特色、创新动能转化为育人优势，更加突出学科方向、专业方向与社会需求的一致性，由"能教"变成"会教"，由"会教"变成"导师"，这也正是"教学做"一体化的本质。

（4）要创设践行环境。只有将教室无限扩大，才能将事业空间无限扩大。职业教育的培养场所不能局限在院校内部，要把专业实践课的教学场所安排到企业的生产场所和工程现场。我们要充分利用校内实训设施和校外资源设备，给学生提供更为丰富的实践场所，让他们可以利用实践活动检验并深入理解教师传授的知识，提高自身的动手能力以及发现问题、解决问题的能力。唯有如此，坚持以问题为导向，以需求为牵引，进而在实践载体、课程安排、合作机制、质量效果上下功夫，才能实现点的突破、量的积累，进而形成质的飞跃、系统能力的提升。

三、有特色的践行教育

1. 德国"双元制"

在职业教育践行模式上，可以说，德国"双元制"是一个比较完善的体系。"双元制"的最大特点，就是在其"校企合作、工学结合"人才培养模式中，企业作为"一元"，学校作为"一元"，二者共同合作培养技术技能人才。接受"双元制"培养的学生，自己或通过职业介绍中心选择一家企业，按照有关法律规定同企业签订培训合同，得到一个培训位置，然后再到相关的职业学校登记取得理论学习资格，这样他就成为了一个"双元制"职业教育模式下的学生。这样的学生，具备双重身份，在学校是学生，在企业是学徒工；也同时具有两个学习受训地点，一个是培训企业，一个是职业学校。

德国"双元制"职业教育在法律维度上，是企业与职业学校在各自必须遵循的法律的基础上合作培养技能人才的职业教育模式；在经费维度上，是企业与国家各自分担职业教育经费并合作培养技能人才的职业教育模式；在教学维度上，是在当代企业运行模式中，普遍通用的一种基于职业实践中的学习方式，它是在工作进行的基础上，把职业学校里的专业知识及普通文化知识的融入与实践紧密结合，形成的一种新的培养技能人才的职业教育模式。

2. 深圳职业技术学院"课证共生共长"模式

《深职院—华为培养信息通信技术技能人才"课证共生共长"模式研制与实践》获得2018年国家级教学成果特等奖。深职院的获奖项目切中产教融合、创新创业教育、混合式教学、协同育人、中高职衔接等我国职业教育改革中的热点、难点问题，大力开展理论研究和实践探索，提供了可供借鉴的"深职院解决方案"。"课证共生共长"模式的基本内涵，主要包括如下三方面：

（1）课证互嵌共生、互动共长。"课"是指深职院的信息通信技术类专业、课程及教学；"证"是指华为认证，是华为集先进技术、工程案例、课程资源和企业文化为一体的职业标准，它不仅表明持证者具备技术应用能力，而且表明持证者具有良好的职业素养和职业精神。深职院与华为联合，将企业原本面向在岗工程师的认证融入到高职专业人才培养中，校企共建专业、共建课程、共育人才，成功实现了课程开发与证书标准"互嵌共生"。而且，随着产业技术的进步，以及华为认证标准的不断升级，深职院课程体系亦同步更新并反哺认证体系，达到课程升级和证书升级的"互动共长"。

（2）"三分"课程体系，个性化学习灵活。一是"分段"，将培养过程划分为公共基础课程（1-2学期）、专业基础课（2-3学期）和认证课程（4-6学期）三个阶段；二是"分类"，将培养方向根据华为认证划分为传输、数通、云计算、移动等不同类别；三是"分层"，将培养规格按照华为认证层次，分为初级（HCNA）、中级（HCNP）、高级（HCIE），在每一方向类别开发了分级的模块化、阶梯化课程。"三分"课程体系的构建，为学生提供了多样化课程套餐，学生学习目标非常明确，根据自身兴趣、基础和学习能力，灵活选择课程学习，循序渐进考取华为不同类别不同层次证书。

（3）校企强强联手，学生低进高出。2006年深职院开始与华为开展合作，2014年建成了华为信息与网络技术学院，这期间"课证共生共长"人才培养模式日趋完善，截至2018年4月，累计培养4600名毕业生，800多人在校期间就通过了华为各级认证。82名学生在校通过华为顶级认证HCIE（华为认证互联网专家），40多名学生毕业后一年内通过HCIE，深职院学生认证通过数量为全国之首，占全球HCIE总数的1.2%。通过华为认证的学生，无论综合素质还是职业素养均明显优于同期入职的毕业生，就业薪酬显著提高。深职院2017届毕业生有5%通过HCIE，毕业后年薪超10万元。

3. 企业培训"6Ds"法则

美国学者罗伊·波洛克、安德鲁·杰斐逊、卡尔霍恩·威克合著的《将培训转化为商业结果—学习发展项目的6Ds法则》中文版一发行便获得广泛好评。"6Ds"是一项高效学习项目设计的方法，被全球知名公司GE、德勤等企业所采用。企业培训与学习项目的设计，不仅要传授知识和技能，更重要的是要确保知识和技能被运用于工作实践中，从而实现其价值。在职业教育践行方法方面，"6Ds"法则可以为我们提供指导。该方法提供了一套完整、系统的学习发展设计流程，包括6个步骤，每个步骤分别以第一个单词的第一个字母"D"开头，称之为"6Ds"。

D1：界定业务收益（Define Business Outcomes）。D1的核心就是把关注重点从学习转到绩效上，这让教学设计变得更有效也更简单，也更容易获得企业的支持。同时D1也是评价学习成果（D6）的前提条件。更为重要的是，由于清楚地界定了业务结果，院校也能获得企业的认可。因为企业培训部门知道学习项目如何能为企业带来收益，所以也就知道如何证明自己的价值。

D2：设计完整体验（Design Complete Experience）。培训不仅是一场活动，更是一个完整的流程体验。对于学员来说，学习体验是一个连续的过程。他先于正式课程开始，并在课程结束之后还继续下去，通过观察管理者与同事的行为，以及绩效管理体系的考核要求，学员确定了自己的预期目标。只有学员的目标与课程内容一致时，培训才能带来真正的绩效改善。

D3：引导学以致用（Deliver for Application）。从引导学以致用和工作实践的角度，来选择合适的教学策略、学习技术和教学辅助策略。D3 的成功，很大程度上取决 D1 所界定的业务结果目标和行为技能目标。除此之外，D3 还需要深入了解学员（特别是成人学习者）的学习习惯，其中还会用到一些教学设计理论，如间隔学习、支架式学习（脚手架）、参与式学习、准备、反思、精心排练及反馈等。

D4：推动学习转化（Drive Learning Transfer）。要取得好的学习成果，仅靠优异学习过程是远远不够的。即使学员学习过程能得到满分，但如果没有进行学习转化（得分为零），那么项目的结果也只能为零分。培训的转化程度取决于企业内部的转化氛围——基于工作环境的一系列因素，如员工是否清楚培训转化的预期和相关的支持。转化氛围决定了员工如何回答"我愿意吗"这个问题？转化氛围是受到多因素的影响，学员的直接领导就是一个非常重要的因素。因此，在践行 D4 的过程中，企业管理者的积极有效参与起到非常重要的作用，所以产教融合是院校和企业的共同责任。

D5：实施绩效支持（Deploy Performance Support）。人们在尝试新事物的时候，总是要承担一定的风险。员工在工作中面临新方法（新知识）与旧方法的抉择时，在一定程度上要看企业是否提供了绩效支持。工作辅助、应用软件（APP）、帮助热线（呼叫中心）、教练辅导以及其他形式的绩效支持手段，都可以增加员工应用新技能的信心和可能性。此外，绩效支持可以让员工旗开得胜、士气大振，从而实现绩效改进目标。

D6：评估学习结果（Document Results）。在投资学习之前，必须回答两个基本问题：该项目是否能带来预期结果？该项目值得投资吗？优秀的企业会根据D6对项目成果进行评价，以便为今后的产教融合投资提供依据并持续推动绩效实现。

"6Ds"法则是一种以业务和流程为导向的方法论，可以帮助我们从投资的角度看待职业培训，运用流程思维设计完整的培训体验，从而提升学习项目的影响力，提高学生胜任能力，进而为企业创造更大的价值。"6Ds"法则在培训界的影响力日益扩大，具有很强的可操作性。其中非常值得我们借鉴的是，它把完整的学习体验拓展为：课程宣传——邀请学员——准备阶段——开展教学——学习转化及练习——获得收益和成果6个阶段。传统的培训教学更多地关注中间两个阶段，忽视前面的宣传引导和后面的转化成果。这套方法为我们提供了新的思路和工具，我们确实应该站在学员和企业的角度，重新审视培训教学工作，让培训资源转化出更大的培训价值。关于职业教育实践方式方法的研究，也确实需要在实践中结合自身特点开展。要有开放的心态，也要有发展自己特色的魄力。

四、我们的探索

我们在借鉴德国"双元制"经验方面进行了深入的探索和实践，依托学历教育与职业培训相辅相成、互为支撑、相互促进的教育培训办学环境，遵循"以服务为宗旨，以就业为导向，走产学结合发展道路"的办学方针，按照"面向生产、建设、服务和管理第一线需要的高素质技能型专门人才"的培养目标，形成了特色鲜明的"校企合作、工学结合"的人才培养模式。

自2015年，我们探索采用现代学徒制人才培养模式，开展国家电网有限公司艰苦边远地区定向学生培养工作，与国网新疆电力有限公司、内蒙古东部电力有限公司等单位开展合作，以推进产教融合、适应需求、提高质量为目标，以技术技能培养为核心，以校企深度合作和教师、师傅联合传授为支撑，不断深入践行校企双主体育人机制，为艰苦边远地区生产一线培养技术技能人才。定向培养学生以"准职业人"身份进校，在双主体育人的培养模式下，既是学生又是学徒。学生赴生产现场参加拜师仪式，成为了名副其实的学徒，并进行为期半年的顶岗实习。学习场景与工作场景的切换，既帮助学生提升发现问题、解决问题的能力，又能造就他们的工作成就，进而推动他们更加主动地学习。

我们充分利用国家电网有限公司这个大平台，与公司系统27个省级公司开展紧密的校企合作，与国网电科院、许继集团等多家科研院所、制造企业、生产企业签订协议，开展战略合作。形成以院校为主体，电网企业与院校共同培养技术技能型人才的职业教育体系。我们确立了"职前职后一体化"的办学模式，创新实施了"一体双育四特色"人才培养体系，培训业务基本涵盖了国家电网有限公司的主营业务。我们每年从公司系统聘请600多名企业专家来校承担培训教学任务，他们带来生产现场最新的技术、技能，实现了专业教学过程与现场生产过程"无缝"对接。

融合培训教学，贯通课堂现场，推进资源共享，实施"一体双育"，是我们最为显著的办学特色。2009年来，正是基于"能够让人践行的教育，才是真教育"的办学理念，我们的业务形态从单一走向复合，从校内走向校外，从国内走向国际，为地方区域经济和电力行业培养了大量生产、建设、服务、管理等高素质技术技能人才。

第十三章

"德技并修"是关键

> 习近平总书记2018年10月在全国教育大会上明确强调:"要高度重视职业教育,大力推进产教融合,健全德技并修、工学结合的育人机制,源源不断为各行各业培养高素质的产业生力军,让职业院校毕业生在职业发展上也有广阔空间。"
>
> 正所谓:人无德不立,无技不成。"德与技"作为职业素养的核心要素,既是人才快速成长的"助推力",更是他们立足社会、服务国家、奉献人民的"看家本领"。职业院校唯有将"德技并修"作为教学育人的主要抓手,才能将"培养什么人、怎样培养人、为谁培养人"的要求落到实处。

一、德技并修内涵

古人云,德为先,技为本;德以立命,德以安身。而对"德"的含义解释又有着微观与宏观的格局之别:微观之德,强调自身品德修养;宏观品德,倾向于家国天下之德。

党的十八大以来,国家将立德树人作为根本任务列入党的教育方针,列入中国特色社会主义治理体系。这就要求学校对学生的教育要以品德培育为首要条件，在此基础上，通过德技并修、工学结合，达到"树人"培育目标。教职成〔2017〕（13号）文件明确指出，把培育和践行社会主义核心价值观融入教育教学全过程，坚持将思想政治教育、职业道德、工匠精神和综合素质的培育全面融入教育教学全过程，促进学生德技并修，落实立德树人根本任务，将"培养什么人、怎样培养人、为谁培养人"的要求落到实处。

其实，德技并修的"德"，可以界定为融入社会主义核心价值观的思想品德、职业道德、工匠精神以及综合素养的统称；而德技并修的"技"，可以界定为通过扎实的专业知识和系统的专业训练实现的技能水平。德求于高，持续修炼，才能行胜于言；技求于精，丝丝入扣，才能游刃有余。职业院校学生唯有在"修德"同时进行"修技"，才是成长成才的唯一正确的道路。

二、德技并修面临的困境

修德，属于思想领域建设；修技，属于技能领域培育。二者维度不同，培养方式也不一样。在具体操作中，要想真正做到德技并修、共生共长，要想真正把传统优秀文化全方位融入思想道德教育、文化知识教育、艺术体育教育、社会实践教育各环节，贯穿于启蒙教育、基础教育、职业教育、高等教育、继续教育各领域，实际上存在以下四个方面的问题。

（1）**教育目标认知存在误区，教育存在"两张皮"**。长期以来，绝大多数职业院校在认知上将品德教育与专业教学简单地割裂开来。专业课教师仅负责在课堂上传授知识和技能，优秀文化内容则被纳入"马克思主义理论课"和"思想政治教育课"，或是归入文化公选课教师教学职责范畴中。有的院校甚至仅仅在校园文化建设中开展优秀文化的传播。德技并修无法实现"全员、全过程、全方位",即便进课堂、进课本,也是各行其道、自说自话,专业之间的融入性、互鉴性、延展性、结合性严重不足。

(2)德育实践教学有欠缺,专业参与度不高。当前,职业院校的实践教学很少涉及文化融入,即便涉及也往往是:专业参与性不高,文化教育主题空泛,学生积极性低迷,活动效果欠佳。其主要原因在于教研教改缺乏一体化设计、教师知识体系支撑不够、专业教学与人文教育分轨运行。只教学生"识"不教学生"心",已经成为职业教育之积弊,严重影响了学生文化素养的培养。

(3)学科知识受限制,教师素养待加强。马克思指出:"教育者本人一定是受教育的。"职业院校要将文化融入到专业技能教学中,关键是要组建一支具备较强优秀文化知识储备和能力素养的教师队伍。调查显示,74%的专业课教师认为自身受到学科的限制,无法充分了解并掌握优秀文化知识。而与之相矛盾的,有高达86%的学生迫切希望能在专业课课堂上学到相关的德育知识,辅助自己的专业学习。专业课教师由于自身知识结构的欠缺,对德育的认识了解不足,无心亦无力去挖掘和整理与专业相贴合的德育元素,更别说将其融入实际教学中。

(4)考核评价存偏颇,管理机制欠保障。一直以来,职业院校在开展考核评价过程中,对学生能力的评价往往局限于知识、技能的掌握情况;对教师的考核评价常单一地将教师的专业知识水平作为评价尺度,忽视了"立德树人"这一总目标的实施效果。评价标准的缺漏,势必会影响到专业课教学开展的思想性和完整性,从而难以建立将德育融入专业教学的保障机制。

三、立德树人重在"修德"

教育的根本目标在于育人。职业教育作为一种特殊的教育类型，应该始终关注学生的个性发展，既立足于育人的全面性，更要聚焦可持续发展的效果。习近平总书记指出"要把立德树人的成效作为检验学校一切工作的根本标准"，这无疑确定了职业教育的根本定位。而要实现这个定位，需要从以下六个方面下功夫。

（1）坚定理想信念的功夫。 理想信念，是最有根基的德育要素，也是最有力量的德育方式。用中国梦牵引学生，用中国伟大事业影响学生，用中国优秀文化熏陶学生，让共产主义的理想信念和"四个自信""四个意识""两个维护"在学生的心中播下种子、扶正祛邪，才能让学生扣好人生第一颗扣子，进而拥有责任感、使命感和成就感，进而走好今后人生的每一步。

（2）厚植爱国主义情怀的功夫。 爱国主义，是我们的民族特色，更是我们民族走向复兴的前进动力。以爱国主义为精神底色，教育引导学生爱国爱党，立志听党话、跟党走，立志扎根人民、奉献国家。通过十九大精神的宣贯，用新中国成立以来，改革开放以来，尤其是进入新时代以来中国共产党领导全国人民所取得的巨大成就激励学生，用社会主义制度优越性教育引导学生，用"没有国哪有家，没有家哪有我"以及"落后就要挨打"的鲜活历史经验教育引导学生，这不仅会为学生的个人成长起到"正能量"作用，而且能为民族强盛打下坚实基础。

（3）加强品德修养的功夫。 年轻人的品德修养，既要尊重个人追求，也要注重组织引导。与时代同步、与党性契合、与国家共识，才是个人品德修养的真正格局。由此，要将社会主义核心价值观作为广大师生的行为规范，落实到师德师风建设标准、学生品德考核标准，进而通过机制影响、文化渗透、环境感知，在学校营造社会主义核心价值观的培养氛围，让社会主义核心价值观内化为师生的自觉行动。

（4）培育艰苦奋斗精神的功夫。正所谓：俭，德之共也；侈，恶之大也。俭与奢的选择，不仅仅是一个人的修养和品德的体现，更是一个国家富强、国泰民安的体现。因而，学校教育一定要重视培育艰苦奋斗精神，要让学生懂得"天下没有免费的午餐，也不会掉下大馅饼"，幸福一定是奋斗出来的。要通过系统设计劳动教育课、劳动体验课、志愿者服务、公益活动、扶贫、实习实训、社会实践等一系列活动，锻炼学生的担当精神、吃苦耐劳、艰苦奋斗精神，也让他们感受到奋斗的成就，以此来培养学生志存高远、自强不息的人生态度。

（5）弘扬工匠精神的功夫。《荀子》荣辱篇有云："农以力尽田，贾以察尽财，百工以巧尽械器，士大夫以上至于公侯莫不以仁厚智能尽官职。"可以说，对任何一个从事某种活动或实践的人来说，他们的出色就在于对那种活动的完善。工匠精神之内涵也在于此，就是要专业专注、精益求精。新时代职业教育，同样要把工匠精神纳入其中，建立工匠精神养成的制度体系，培育工匠精神养成的文化土壤。

（6）增强综合素质的功夫。据有关资料介绍，我国职业教育培养的学生，能够具备国际基本能力的不到5%，而世界发达国家则达到40%以上。由此，需要我们瞄准世界最先进的技术技能领域，引导学生求真学问，练真本领，不断培养发展学生的学习思考能力、创新创造能力、沟通协作能力以及国际化能力。多学一门语言，便是打开一个窗口；多学一门专业，便会增加一种技能；多学一门文化，便会开拓一层视野。增强学生的综合素质，必须从更广领域建设教育体系。

四、德技并修的基本方法

努力从中华民族世世代代形成和积累的优秀文化中汲取营养和智慧，延续文化基因，萃取思想精华，展现精神魅力，是挖掘"德技并修"之源泉、开展"德技并修"之根本。基于此而延展，可以通过以下七方面来探索"德技并修"的定位与方法。

（1）加强顶层设计，打造专业文化。新时代背景下，文化教育需要来自顶层的精心务实设计与持续不懈推动。职业院校作为文化传承的重要载体，应着力于学生的"德技并修、知行合一"，从人才培养方案完善、专业课程标准设定、教学督导评价、教师职称评定等多角度，为文化融入技能教育提供强有力的政策支持和制度保障，激励广大教师树立优秀文化教育的自主意识与责任担当。

（2）利用文化资源，打造思政与专业相互融合的课程体系。职业院校应围绕培养"人"、培养"社会人"、培养"职业人"三大主题，从修身立德、家国情怀、职业精神等方面入手，以教学专题形式，组织各专业深入挖掘与专业相吻合的文化要素，系统地融入到课程教学中。专业课程要有文化基因，文化课程要有专业要素。只有实现二者相互融合，才能在潜移默化中推进"德技并修"。

（3）改进教学方法，提高育人实效。课堂是课程实施的主要阵地，职业院校要注重运用先进教学手段实施专业课程中的品德教育。应充分利用微课、慕课、微助教等现代信息化教学手段，将德育元素自然渗透进课堂，形成师生共振的课堂互动模式，进一步增强课堂教学效果。

（4）依托双导师团队建设，实现育训结合。推广院校教师和企业师傅共同承担教育教学任务的双导师制度，校企分别设立兼职教师岗位和学徒指导岗位，完善双导师选拔、培养、考核、激励等办法，依托专兼结合的双导师团队，为学生的德育培养提供榜样示范，实现育训结合。

（5）营造浸润环境，实现文化育人。加强校园文化建设，通过从中华优秀文化、先模人物、党的建设等德育资源中寻根溯源、挖掘整理，精心选取与专业紧密相关的名人名言、名人事迹、专著介绍等素材，在教学场所设立文化墙、宣传橱窗，有条件的院校还可设立文化体验馆、工作坊、小型展览馆，建设并形成独具特色的"一专业、一文化、一品牌"，营造"全员、全过程、全方位"育人的浓郁氛围。

（6）搭建活动载体，促进实践养成。 要高度重视"第二第三第四课堂"的实践养成功能，院校可通过开展主题教育活动以及各种德育体验实践活动平台，将德育内容有效渗透到专业实践活动中。通过多渠道将德育内容引入校园生活、引入专业学习，鼓励学生广泛参与，使其全面、深刻地将德育要素内化到自身道德规范、行为方式和价值观念中。

（7）提高师资德育素养，增强主体意识。 加强"双师型"教师队伍建设，提高师资德育意识和融入专业的能力，对照课程内容系统整理德育素材，将德育元素以合理的形式融入课本、进入课堂。同时，职业院校要积极搭建培训平台，有针对性地组织教师开展主题性教研活动、专题培训会、专业文化学术交流等，切实提升他们的德育素养，增强主体意识。另外，在业绩评价和考核中，学校可将开展德育进课堂情况列入督导评价、同行评价、自我评价指标中。

当前，我国改革面临着产业转型升级、供给侧改革、去产能等诸多问题，而这一切最终必须依靠高质量的技术技能人才来实现。"德技并修"的职业培养模式，无疑能够很好解决这一问题，也必将能够让技术技能人才在时代的前沿绽放出自身的光彩。

第十四章

"三教"改革是核心

2019年4月4日,全国深化职业教育改革电视电话会议隆重召开。毫无疑问,这是国家推行职业教育改革、明确发展方向、落实改革举措具有里程碑意义的重要会议。孙春兰副总理在讲话中指出,"我国职业教育有近千个专业,近10万个专业点,但在'教师''教材''教法'上存在不少薄弱环节,成为影响职业教育质量的重要因素。"讲话直击目前职业教育的"痛点"——教学质量不高,究其根源,"教师""教材""教法"(统称"三教")的不足是关键的制约因素;这也同时释放了一个强烈的信号——"三教"改革将是职业教育改革的核心。

"三教"改革改什么?如何改?无疑是全国职业院校面对的难题,也是必须破解的重大课题。"三教"不改,积弊难除;"三教"真改,定有困难。对此,唯有追根溯源,方能理清脉络、把握方向;唯有探索实践,才能积累经验、获得成效。

一、"三教"改革为什么是核心

在当今教育体系中,职业教育作为一种类型教育,本身具有独特的教学规律,"谁来教""教什么"和"怎么教"是职业教育活动实施的三大关键环节,校企合作、"1+X"证书等政策举措都是围绕提高教育质量,都要落脚于教育活动的实施。而教师、教材和教法分别与"谁来教""教什么"和"怎么教"一一对应,因此要做好职业教育,必须在教师、教材和教法上下功夫。

具体来讲,"三教"贯穿职业教育人才培养全过程,其中教师是教材开发、课程设计、策划和教学实施的主体,是教学效果的直接决定因素;教材不仅是知识和技能的载体,更是思想和文化的载体,还是教学双方交流互动的抓手,是影响教学效果的关键;教法是教学活动的直接呈现形式,是知识和技能传递的路径,很大程度上决定教学的效率和效果。因此,"三教"是职业教育活动实施的关键要素,直接影响教育质量,是新时代职业教育改革发展的重中之重。可以说,"三教"改革,居于职业教育改革总体布局的核心地位。

二、"三教"改革到底改什么

改革正如鲁迅先生所说,"什么是路?就是从没路的地方践踏出来的,从只有荆棘的地方开辟出来的。"是从无到有的创造,是摆脱陈旧束缚的革新,必然要在新旧观念的冲突中努力前行,待到冲破束缚便是一片新天地。如今,"三教"改革的冲锋号已经吹响,发起了对职业教育旧模式的宣战,必然面临着不同教育理念的碰撞、多年沿袭下来的习惯的阻滞,只有深入剖析"三教"的痛点,找准发力点,集中力量啃下硬骨头,才能在这场攻坚战中取得胜利。

1. 教师改革永恒的话题:素质能力提升

在我国古代,能够成为教师的人绝不简单,自身要"能博喻,然后能为师",教导学生运用"诱导而不强牵、劝勉而不强制""时观而弗语、开而弗达"的教学方式,引导学生克服"贪多务得、孤陋寡闻、掉以轻心、遇难则退"的错误思想;当时教师的道德水准、素质能力出类拔萃,甚至可谓当时典范和楷模,这也标示出中国古代的教师素质曾经有过的高度。

在近现代,随着哲学社会科学和自然科学的发展,我国的教育体系经过吸收归类分为哲学、经济学等十二大学科门类,各个学科门类课程各具特点,对教师的职业能力要求呈现多样化,总体归纳为教师的知识水平、教师的教育观念、教师的教学监控能力以及教师的教学行为与策略4个方面。知识是教师素质能力的根本,教师除掌握特定学科的知识和技能外,还需了解教育学和心理学,不但要关注学生的学习,还应注重学生身心全面发展;教育观念是教师素质能力的指导,教师应能够掌握现代教育理念,对教育有着清晰的定位和认知,并将理念融入成为自身内因,从而合理地组织教学活动;教学监控能力是教师素质能力的关键,教师应具有较强的课堂掌控力和学习引导力,准确把握学生学习的关键节点,给予有效的指引,同时在教学过程中进行积极主动的计划、评价、检查、反馈、控制和调节;教学行为与策略是教师素质能力的外化形式,要求教师以提高教学效果为目标,熟练运用多种教学方式,调动学生的学习主动性,增强学生的知识吸纳能力,并在教学过程中以身为范,彰显良好师德和师风。

当前,面对职业教育新形势,虽然建设"双师型"队伍已经成为广泛关注和热议的话题,但普遍存在教师教育教学能力不高的现象,主要表现在:

(1)队伍整体素质不高。学生规模发展迅速,而教师引进难度很大,特别是高层次、高职称人才引进的难度更大,引进的教师多是刚毕业的硕士、博士。加之生师比严重失衡,教学任务极其繁重,很多青年教师刚毕业就直接承担教学任务,缺乏教学经验和实践经历,教学能力普遍不高，教学效果难尽人意。

（2）缺乏系统的教育理论与教育技能。 职业教育学校教师多为非师范类毕业生，没有系统学习教育理论，尽管在岗位培训中学习了高等教育理论、高等教育心理学、高等教育法规等内容，但因为时间短、学习不够充分，无法形成系统理论来指导实际工作。同时，在培训中缺乏对教学方法、教育技术、课堂管理等教学技能方面的培训，造成教师教学能力欠佳，教学质量参差不齐。

（3）缺乏先进的教育教学理念。 由于受到传统教育理念、教学方法的影响，教师普遍注重知识传授，对生产实际不熟悉，实践经验不多，对职业教育的人才培养规格、培养方式和教学要求把握不准；了解学科专业发展的前沿信息不多、不够主动，对人才培养的关键环节理解还不够准确、不够清晰。

（4）教学研究能力不强。 教师服务教学研究能力不断退化，尤其在教学研究方面，习惯于原有思维和方法，对适应人才培养要求的教学法研究重视程度还不够；或者研究内容与所从事的教学活动之间关联度不高，把教研和教学割裂开来，不愿花时间和精力在实际教学上，导致教学水平不高。

2. 教材改革的现实困境：一直跟不上现场

教材是学生学习的对象，是学习主体对其进行信息加工的客体，是教师用以构建学生知识结构的外部工具或手段。传统教材的功能主要是传授知识，是学生学习的"知识仓库"，侧重详尽地向学生单向传递学科知识。教材常见编写体例一般采用章节结构，绪论、概述、原理、分析等字眼贯穿教材始终，理论性非常强，使用过程中往往忽略了学生的感受。传统教材对帮助学生学习知识和掌握学习方法等显性效果有较大的促进作用，而对学习态度、情感和价值观等隐性因素的推进作用偏弱，因此随着教育实践的发展，传统教材功能观受到了挑战。

总体来说，对照新时代职业教育发展新形势，原有职业教育教材主要存在以下三个方面的突出问题：

（1）教学内容缺乏职业教育特色。 近年来，虽然国家职业教育发展迅速，但绝大多数职业院校无论是课程体系还是教材内容，都基本借用本科学历教育的教材，只是由于适应短学制的要求，在教学内容上略有删减。教材基本上是学科教育的模式，缺少职业教育的特色，总体上偏重理论知识的陈述和解释，对生产技能的训练设计不足，来自生产实际的案例少之又少，割裂了职业教育教学与职业情境的联系，不能凸显职业教育的实践性和实用性。尽管部分院校进行了教材改革的尝试，但尚未形成规范化、系列化成果。

（2）教材编排未充分体现新型教学设计。 现有的职业教育教材在结构上，基本上沿用学科教育教材的章节结构，体现的是以教师为主导的教学实践模式。信息化时代，教育技术发生了深刻变化，学习的方式方法也发生了重大变化，整班学生端坐教室听一个老师讲课的方式是最不受欢迎的教学模式。职业教育更加有效的场景化教学、个性化教学、主动式学习、分组训练与对抗，加上信息化条件下的即用即学、搜索式学习、网上自学等都没有充分体现。教材只是知识的简单堆砌，没有体现出科学的教学设计。

（3）教材更新机制严重落后于工作需要。 目前职业教育教材建设工作相对滞后于教学工作需要。首先是教材更新周期长。受制于传统思想的束缚，教材更新周期基本在5年左右，即便是国家职业教育改革实施方案中提出的每3年修订一次的安排，对于技术更新较快的专业也稍显滞后。其次是教材开发机制不完善。职业院校教材主要由学校的教师们编写，来自生产一线的专家参与较少，编者大都远离生产一线，脱离生产实际，无法凸显职业情境。各职业院校各自为战，难于保证高质量。

3. 教法改革的最大敌人：传统教育思想根深蒂固

陶行知指出，"教师之为教，不在全盘授予，而在相机诱导。好的先生不是教书，不是教学生，乃是教学生学。"在当代，生产和科学技术得到迅猛发展，知识总量急剧增长，而且更新过程空前加快，这种状况促使人们不断探索、研究各种新的教学方法，以解决人类知识总量无限膨胀和人类个体掌握知识量有限的矛盾，于是一系列翻转课堂、分组研讨等新的教学方法应运而生。

现代职业教育发展新形势下，虽然一直大力提倡教师主导、学生主体的新型师生关系，注重发展学生的智能，培养学生的创造力等教学主张，但一直未能完全落地。用老思想、老方法讲着老皇历的现象依然突出，比如：

（1）只重学不重用。职业教育部分课堂仍然过于强调系统书本知识的学习，但对于哪些知识用处大，哪些用处小，在什么条件下怎样用以及知识之间如何配合运用来解决实际问题等没有足够重视，教学过程中重理论知识的学习而轻实践的运用现象普遍。

（2）只重结果不重过程。传统教学方式只重视学生掌握知识本身，不重视学生掌握获取知识的方法，教学在相当大程度上脱离了社会与人的发展的实际要求，结果学生只会呆读死记，思维和创新能力较差。于是便有了掌握知识却不思考知识、诘问知识、评判知识、创新知识的"好学生"。这实际上是对学生智慧的扼杀和个性的摧残。

（3）只重教师不重学生。传统教学过分强调教师的作用，忽视学生的主体地位，忽视学生作为"主体"在教学中应有的地位和权利。教师在课堂上扮演"独奏"角色，学生无法主动参与，从而也就无法调动学生的积极性和主动性。"满堂灌"教学方式仍然普遍存在，严重偏离了职业教育的规律。

（4）只重计划不重开放。以教育为本位，是传统计划教学的需要。从传统职业教育教学方式看来,课堂教学是按计划进行的,每节课无一例外地必须完成规定的教学进度(课时任务),使得课堂教学仅仅成为教师把设计好的教案进行展示,没有任何生机和活力。

尽管职业教育近年来在教师、教学、教法上取得了长足的进步,但还未跟上当前社会发展的形势,这无疑会成为职业教育质量提升的突破口,也无疑是国家主张力推"三教"改革的根本原因。

三、"三教"改革如何改

通过梳理国家发布的职业教育改革政策,结合当前存在的问题短板,可以将"三教"改革的总体思路归纳为如下几个方面。

(1)在教师队伍建设改革方面,首先保证教师队伍建设正确的政治方向;引导教师增强政治意识、大局意识、核心意识、看齐意识,自觉爱党护党为党,敬业修德,奉献社会,争创"四有"好教师的示范标杆。突出师德,把提高教师思想政治素质和职业道德水平摆在首要位置,把社会主义核心价值观贯穿教书育人全过程,突出全员全方位全过程师德养成,推动教师成为先进思想文化的传播者、党执政的坚定支持者、学生健康成长的指导者。建设高素质"双师型"的教师队伍,不断加强专职教师职业素质能力培养,提高实践教学能力;选聘产业专家参与职业教育教学活动,完善选拔、培养、激励机制,形成一支技艺精湛、专兼结合的双师教师队伍。

(2)在教材建设改革方面,大力开展职业教育教材建设,重点解决陈旧老化的问题,紧盯技术和产业升级需求,及时将新技术、新工艺、新规范纳入教材,探索使用新型活页式、工作手册式教材并配套信息化资源,引入典型生产案例。建立教材常态化修订机制,根据行业发展和人才培养需求,按教材每3年一次大修改调整、每年一次小修改调整的要求，落实内容更新。

（3）**在教法改革方面**，优化课程体系设置，增加实训课程比重，强化教学、实训相融合的教学方式，坚决扭转"理论灌输多、实操实训少"的状况；深化应用行动式教学方式，按照课程性质，探索应用分组讨论、案例演示等多种教学方式的运用；充分利用信息技术发展成果和网络学习资源，开展自主学习、翻转课堂等组织方式。教法改革着眼于提高学生的参与度，激发学生的兴趣，培养学生的合作精神，提高学生的操作能力、思考能力以及发现问题、解决问题的能力。

要将如此改革思路落实落地，我们认为，必须以立德树人为根本，建设一支双师型教师队伍；必须立足产教融合，开发职业教育行动式教材；必须以学生为主体，构建高参与度教法体系。也只有以这样几个方面为主抓手，脚踏实地地抓出进展、抓出特色、抓出成效，才能实实在在地抓好"三教"改革。

1. 以立德树人为根本，建设一支双师型教师队伍

铸师魂，培养有理想信念的好老师。 老师肩负着培养下一代的重要责任，必须树立正确理想信念，如此才能教书育人、播种未来。一个优秀的老师，应该是"经师"和"人师"的统一，既要精于"授业""解惑"，更要以"传道"为责任和使命。好老师心中一定要有国家和民族，一定要明确意识到肩负的国家使命和社会责任，这是对好老师的政治要求。

具体而言，要深入学习贯彻习近平新时代中国特色社会主义思想和党的十九大精神，系统开展理想信念教育，加深对中国特色社会主义的思想认同、理论认同、情感认同，不断增强道路自信、理论自信、制度自信、文化自信，积极引导学生热爱祖国、热爱人民、热爱中国共产党，保证正确的政治方向。教师之思想，不是自我之思想；教师之行为，不是自我之行为。院校党委一定要发挥主体作用，教育

引导教师做中国特色社会主义共同理想和中华民族伟大复兴中国梦的积极传播者，帮助学生筑梦、追梦、圆梦，让一代又一代年轻人都积极投身于民族复兴的伟大征程中。

尚师德，培养有道德情操的好老师。教育德为先。教育离不开教育者和受教育者，教师在其中处于主导地位。成功的教育需要一些条件，而教师的人格力量和人格魅力是其中重要的条件。师者为师亦为范，学高为师，德高为范。老师的职业特性决定了其必须是道德高尚的人群。合格的老师首先应该是道德上的合格者，应该是以德施教、以德立身的楷模。

职业院校要充分重视师德教育，教育引导教师做一个高尚的人、纯粹的人、脱离了低级趣味的人，自觉坚守精神家园、人格底线，带头弘扬社会主义道德和中华传统美德，以自己的模范行为影响和带动学员学生。引导教师忠诚、热爱党的教育事业，执着于教书育人、见贤思齐，不断提高道德修养，提升人格品质，并把正确的道德观传授给学员学生。

精师能，培养有扎实学识的好老师。扎实的知识功底、过硬的教学能力、勤勉的教学态度、科学的教学方法是老师的基本素质，其中知识是根本基础，指的不仅仅是胜任教学的专业知识，还有广博的通用知识和宽阔的胸怀视野。好老师还应该是智慧型的老师，具备学习、处世、生活、育人的智慧，既授人以鱼，又授人以渔，能够在各个方面给学员学生以帮助和指导。

学海无涯，学无止境。我们要持续加强教师队伍现场实践锻炼，着力提升他们的专业技能，建立一支"走上讲台是培训师，走进现场是工程师"的双师型队伍。定期开展讲课比赛、技能比武活动，持续提升教师业务实施能力。建立常态化机制，聘请劳动模范、专家人才等加入兼职教师队伍，改善教师队伍能力结构。开展名师大师培育工程，选拔名师培育人选，制定名师培育计划；组织名师培育人选外出（含境外）交流学习，参加专业会议，掌握专业发展动态。加强师资团队建设，建设"劳模工作室""工匠工作室"等，鼓励创新创造。

修师爱，培养有仁爱之心的好老师。爱是教育的灵魂，没有爱就没有教育。老师的教育风格可以千差万别，但爱却是永恒的主题，教师之爱心，能够帮助学生打开知识之门，能够滋润浇开学生的心灵之花。教师之爱心，唯有达到"捧着一颗心来，不带半根草去"之境界，才能无愧于灵魂工程师的称号。

老师的爱，既包括爱岗位、爱学生，也包括热爱一切美好的事物。为此，职业院校要着力加强师德建设，着力培养一批专业专注、持续改善的"教书匠"和"人生导师"，义无反顾地扛起教书育人、立德树人的责任。要把这种责任体现到平凡、普通、细微的教学管理之中，尊重学生、理解学生、宽容学生，把自己的温暖和情感倾注到每一个学生身上，用欣赏增强学生的信心，用信任树立学生的自尊，让每一个学生都健康成长。教师不仅是知识的传播者，而且是模范。如果师德不彰、师教不严、师风不正，一定无法完成立德树人的重任。

2. 立足产教融合，开发职业教育行动式教材

按照"突出产教融合、突出立德树人、突出行动教学、突出评价导向"基本原则，建立全新的高水平职业院校教材体系，解决原有教材体系存在的问题。

突出产教融合，实现理论实践深度融合。突出职业教育的教育性与职业性，突出职业教育服务区域和产业发展功能，专业核心课程围绕产业需求设置课程内容，以工作过程为导向，依据典型工作任务设置课程情境，围绕岗位工作内容设计理论讲授与实训操作高度融合的任务项目。组建由学校教学专家和一线生产专家共同组成的教材编写小组，切实发挥校企"双元"的优势互补效应，专业

理论要达到应有的深度和广度，实操技能要充分体现新技术、新技能、新材料、新工艺。

突出立德树人，发挥课程思政作用。 将工匠精神、职业素养和安全要素融入教材内容，通过教学内容设置、课堂活动设计等方式，明确爱岗敬业、诚信友善、团结协作等素质要求，明确操作工艺和课程学习效果评价标准，将社会主义核心价值观、行业企业的价值观融入课程教学之中，培养学生精益求精、专业专注、持续改进的职业观，为行业发展培养新时代的高素质蓝领工匠。

突出行动教学，融入工作实境。 落实行动式教学模式，以学生主动学习为出发点，突出实操技能训练，促进学生高度参与学习，有效推进行动式教学改革落地。科学设计任务界面和教学模块，支持多种方式的拆分与组合，推进对活页式、工作手册式等新型教材形式的探索。充分应用信息化学习技术，合理划分情景任务，精心编排训练项目，无论是教学内容还是教学形式，都必须更加符合生产实际和学习规律，更加改善学生的学习体验。

突出评价导向，推进能力全面提升。 吸收相关行业技能人员岗位培训规范、技能等级评价标准、员工培训教材等既有学习资源的精髓，建成职前、职后教育衔接融通、产教深度融合的教材体系，通过教育培养，学生既能够获得学历证书，又具有突出的专业实践能力，为职业院校有效实施"1+X"证书制度提供有力支撑。结合标准操作流程和工艺要求，制定各项任务评价标准，确保可执行、可考核，有效评估学习效果，形成学习闭环。

2019年，根据职业教育改革要求，我们在对所有课程标准完成优化的基础上，全面启动了行动式校本教材的开发工作。此次教材开发，学校以生产案例为基点，以企业专家为骨干，充分调动国家电网有限公司各种资源，进行教材分工编写，并通过总体部署、阶段小节、过程督导、结果评价等方式，提升编写质量。目前，已经完成了教材第一轮编写，并在应用过程中不断优化完善，待成熟后作为特色教材出版发行。

3. 以学生为主体，构建高参与度教法体系

主要是立足提高人才培养质量，优化教学组织，完善教学方式，创新效果评价机制，着力抓好以下五个方面：

着力优化课程体系。根据学生认知学习规律，体现逻辑严谨性，全面梳理优化基础类课程授课内容。以现场工作过程为导向，注重内容实用性和先进性，依据典型工作任务划分课程内容模块，围绕工作内容开发理论讲授与实训操作高度融合的训练项目，增加课程设计的实用性。加强工学结合课程建设，进一步提炼专业岗位典型工作任务，删减不必要课程，更新已不符合实际生产现场的内容，提高教学任务安排与岗位能力要求的衔接性。

深化应用行动式教学模式。实践教学课程深化应用"教学做"一体化的教学方式，以岗位工作任务为驱动，让学生在"做"的过程中，掌握知识和技能；在教师"教"的环节，通过讲解和演示，实现知识和技能的讲授；在"学"的环节，组织学生分组研讨，促进学生对知识和技能的理解和吸收。整个过程，学生高度参与，激发其学习的积极性和主动性。以理论讲授为主的课程，内容适度增加实践项目，授课形式"讲""练"相互结合，深化学生对知识的理解；同时探索采用研讨式教学方式，在教学环节的设计上，采用分组讨论、集体研讨、教师辅导、学生陈述、教师点评等方式开展教学活动，提高学生课堂参与度。

优化效果考评方式。全面推行全要素考核方式，通过过程考核和结果考核相结合，既注重对学生专业知识技能的验证，又要加强对学生具体学习过程的掌控。通过作业批改、阶段性测试、记录课堂表现开展过程考核，通过组织技能竞赛、期末考试开展结果考核。在组织

形式上，实训课程以技能模块为单位，采用现场操作的形式开展；理论课程采用口试、任务考核、网络机考等多种方式开展。

充分发挥网络大学平台的作用。 利用"互联网+教育"的新技术，加快向线上线下相结合的培训教学模式转型。提供公共学习空间，全天候开放，满足在线学习和自主学习需求。我们依托网络大学平台，为学生提高变电运维、变电检修、输配电运检、电力营销等各电力岗位网络学习资源，让学生根据兴趣充分学习岗位知识和技能，为步入工作岗位奠定了良好的基础。

充分利用新媒体的学习支持功能。 拓展开发移动学习平台，组建灵活学习团队，创建新型学习社区，一方面满足学生的个性化学习需求，另一方面帮助学生关注核心业务、关键领域和前沿技术。移动学习平台，既有着学习的便利性，也有着深度学习的引导性，能否成为员工培训、自主学习、终身学习的服务平台，关键在于资源整合、知识加工以及持续建设能力。

第十五章

"流程教学"是重点

职业教育课程类别一般分为公共基础课程、专业基础课和专业课程。在课程体系中,每一种课程有其明确的分工:公共基础课程的目标是发展学生的一般能力,为学生将来的可持续发展以及综合能力的发展奠定基础;专业基础课程的任务是使学生掌握专业基础知识、基本理论,为后续专业课程和实践课程的学习做铺垫;专业课程是培养学生专业理论、专业技术和操作技能的课程。

职业能力是工作岗位所必需的基本职业要素的综合,即专业知识、技能、经验、态度和价值观等。职业教育必须以职业为导向,以能力培养为本,以动手能力为抓手,走实践教学的道路。职业教育专业课程的核心教学目标是使学生获得职业能力,营造一种情境化的学习环境,再现近似实际的工作流程,不断强化实践操作。所以,注重还原工作的全过程,实施"流程教学",应该是职业教育专业课程教材与教学改革的重点。

一、什么是"流程教学"

职业教育以能力培养为本位,而能力应该是在工作流程和行动中才能形成的职业能力，所以，职业教育专业课教学的出发点和目标也就理所当然要落实在工作流程和工作行动中。

1. 何谓流程教学

所谓"流程教学"，就是以"工作流程"为导向，是在深入调查各专业所服务的岗位群的基础上，深度解读各岗位对职业素养、技能和能力的要求，通过归类分析，从而确定学习课程和情境。建立以"工作流程"为导向的项目课程体系，以具体生产工作流程为基础选择课程内容，确定教学内容排序，让学生在相关的学习情境中积累完整的工作经验，从而使教学进一步融入生产和工作实际，实现做"任务"犹如做"工作"，"课堂学习"犹如"生产实践"。可以说，这种按"工作流程"的实际情境设计所形成的教学思路，最符合职业教育专业课的教学规律。

流程教学是以"工作流程"为导向的行动式教学，着眼于学生职业素养的形成和岗位技能的提升，着力培养学生在实际工作流程中解决实际问题的能力。主要包括职业素养和岗位技能两个维度。其基本特点表现为：在理论知识方面，以适度够用为原则，不片面追求理论的系统与完整；在实践技能方面，强调引导学生在预设学习情境中逐步提升，注重实际解决问题的能力培养、关注思维成长规律；在学习方式上，以任务驱动为手段，注重学生内在的学习动力的激发。因而更加符合职业教育的规律，更能体现职业教育实践性的根本属性。

2. 传统教学模式不利于职业能力的培育

在传统的教学模式中，教师是教学过程的主体，学生只是被动接受的客体，教学形式单一，理论知识与工作实际缺乏有效结合，限制了学生学习的积极性和能动性，不利于培养学生职业能力。主要体现在以下三个方面：

传统教学模式未突出实操能力培养。传统的教学模式是以课堂学习为主要学习形式,以书面形式评价学生的学习结果,以理论知识为课程内容,理论课程过于集中,理论与实践间隔时间长,不能有效地培养学生的实操能力。

传统教学方法未突出知识应用。传统的教学方法过分强调知识的系统性,按照学科分类划分课程门类,以理论知识为学习起点,按照知识逻辑组织课程内容,忽视了知识与具体工作的联系,不利于技术应用型人才的培养。

传统教学过程未能充分体现学生特点。在现行招生制度下的职业院校,学生的理论基础普遍薄弱,知识迁移及自我学习的能力不高,分析解决问题能力不强。采用传统教学模式,对学生的理解和记忆能力要求较高,恰恰是职业教育学生的短板,容易产生挫败感,挫伤学习的积极性。

3. "流程教学"的优势

流程教学有着非常明显的优势,主要包括以下四个方面:

突出以学生为中心。在以"工作流程"为导向的情境教学中,教师的主要角色是组织者和辅导者,学生是整个学习过程的中心,学生不再被动的听讲、做笔记,而是在一定知识准备的基础上,获取信息、完成情境中的各项任务,结合技能操作训练,掌握相关专业技能和专业知识,构建相应的职业能力。

激发学习的主动性。以"工作流程"为导向的情境教学,强调了学生的主体性,突出了学生主动学习的特点;教师创建可以激发学生学习积极性的学习情境,学生在情境中通过完成任务学习知识,学生能积极收集信息、思考操作某个工作流程,学生的主观能动性被充分调动起来,可以有效提高学生学习的兴趣和实效性。

注重多方面能力培养。以"工作流程"为导向的情境教学,有助于培养学生的实践能力，学生在教师的引导下，通过在情境中学习，锻炼实践能力和创造力；教学实施过程中，学生之间需要共同合作完成任务，相互沟通、相互协作有利于增强学生的团队意识，培养学生沟通和协作能力，锻炼人际关系的处理能力。

提高教师教学能力。以"工作流程"为导向的情境教学，对教师提出了更高的要求，教师需要不断地学习和接触现场工作，丰富自己的专业理论知识，提升专业实践能力和操作技能，提高专业领域知识与技能，精心提炼、编排与组织工作情境，从而设计出优秀的工作情境，真正达到提高教学质量、提高学生职业技能的目的。

二、如何实施"流程教学"

1. "情境教学"是根本

职业教育教学最终培养目标是形成职业能力，而这个职业能力是不可能在传统的教室、课堂内培养出来，只能在实际工作环境中反复学习训练获得。学习环境越是接近真实工作环境，学习过程越是接近实际工作流程，学生掌握技术操作能力和工作知识就越顺利。"工作情境"，一定是与职业工作能力培养紧密联系的、具体的、真实的并且存在于实际生产过程之中的具有典型意义的一种真实的生产情景。以"工作流程"为导向的情境式教学，不是通过学科体系，而是通过一个完整连续的"职业行动"过程进行教学，学生的学习过程就是其工作能力形成的过程，由此，教学内容构建可简要表述为："职业行动－工作流程－工作情境－学习情境－学习行动"。

另外，情境教学具备三个基本特征：一是工作情境教学的价值取向是注重实践、着眼能力，立足于培养学生的实践意识和创新能力，为其将来的职业生涯打好基础。二是工作情境是行动导向教学的必然要素，是实践导向的技能型学习。职业院校学生的学习内容包括技术情境知识，即包括工程设备的结构知识和功能知识两个方面，所以，工作情境必须是现场的、直接的、亲历的和具体的。三是工作情境教学中学生的观察、操作、思考、决断是其主动完成的过程，教师则是支持、引导、咨询、激励，起着辅助性作用。

2. "情境设计"是关键

工作情境设计是为了达到既定教学目的，引入、营造和创设适合教学需要的、有助于提高教学绩效的特定的具体场所和境况的一种教学模式设计，旨在实现教学过程与工作流程的紧密融合，在精心构建的学习情境中进行工作知识传授和职业能力培养。

工作情境设计以工作流程为导向，学生通过完成工作任务的一系列学习活动，经过反复学习和训练，逐步形成职业能力。工作情境设计以"行动—学习"为基本要素，以学生为行动主体，以接近生产实际的学习情境为依托，以师生互动合作的学习行动为主要教学方式，为了职业行动而学习，通过职业行动来学习。工作情境设计可以将学生的知识经验、心理结构、技能习得和人格生成等建立在与环境相互作用的基础之上，使教学与职业环境、岗位情境、任务现场融为一体，学生得以在真实的工作情境中操练、磨合，掌握与职业相关的工作知识和技能。

3. "情境转化"是重点

职业能力在职业活动或工作流程中培养形成，所以职业教育专业课程结构和内容强调的不应是学科架构系统，而是工作流程。在教学中，通过与工作流程相关的工作项目和任务来体现职业活动，并以此为依据设计课程中工作情境教学的内容和程序，将工作流程转化为学习过程，这是非常重要和关键的。这个过程包含"工作任务整体化""工作情境真实化"和"学习情境职业化"三个方面：

工作任务整体化。将完整的工作项目（任务）和流程向学习过程转化，这样既便于学生学习，也有利于教学实施。工作任务整体化即将专业知识技能融入基本完整工作流程的学习内容，并且以一系列项目任务形式出现。

现代职业教育教学与传统教育的区别在于：传统教育强调学科体系，目的是进一步学习系统知识；职业教育教学的目的，是使学生获得职业能力，理解掌握与"岗位群""职业群"相关的工作知识，能解决工作流程中的问题；传统课程教学依据专业学科体系及其知识逻辑，而行动导向课程教学中的专业知识，是根据工作流程设计的，其内在的逻辑是工作流程，每个学习单元都是一个相对完整的工作流程，按照完成工作任务所需专业知识、工作知识与技能序列设计编排，与工作流程密切相关。现代职业教育教学，学生通过对专业知识学习和专业技能的训练，理解熟悉相关工作流程的基本环节，可以尽快形成完成实际工作任务的能力。

工作情境真实化。按照工作流程设计工作情境，针对的是没有任何实际工作经验的学生，而他们就业后所面临的工作任务是以工作流程为基础的。所以，必须在接近真实工作流程的工作情境中进行学习和训练，将来才有可能胜任工作任务。在工作情境设计中，某个学习单元代表了一个典型的工作任务，这个任务与真实工作情境密切相关。学生可以比较完整集中地感受和体验这一典型工作任务，从而较快适应实际工作流程和职业氛围。

学习情境职业化。学生参与完成工作任务的行动，既是学习过程，也是培养和形成职业能力的重要途径。所谓"行动"，是指在教学过程中，教师与学生共同完成工作任务的"教"和"学"的行动。学生不是简单、机械的信息接收者，教师也并非像录音机那样简单的

"播放"教学信息。首先，教师要将职业工作情境转化为学习情境，即将典型工作任务进行教学化处理——学习情境职业化设计。学习情境既要和职业岗位要求紧密联系，又能适应学生的学习要求，从而充分调动他们学习和完成工作任务的积极性和主动性。在这种职业化学习情境中，教师帮助学生接触并逐渐掌握工作实践知识和技能。所以，教师是以学习"组织者"角色来传授知识、培养能力的。其次，学生能够在学习情境中，通过主动完成工作任务的学习行动，将专业知识在学习过程中重构，从而形成工作能力。因此，职业化学习情境教学是一种教师与学生共同参与的行动教学模式，体现了"行动导向"教学思想。它的目标指向，既不是教师"教"了什么，也不是学生"学"了什么，而是学生形成了怎样的"工作能力"，能够做成什么事，完成什么工作任务，这应该是师生共同参与教学行动所期待的结果。

三、我们的实践

我们大力推行流程教学，在教材编写与教学实施中初见成效。例如，电力系统继电保护及自动化装置专业的专业核心课程之一《变压器保护装置调试技术》，以岗位典型工作任务和流程为基础，以学生学习任务为基本模块，注重情境式教学，把"教学做"融为一体，以达到传授知识、训练技能、提升能力、拓展思路、培养良好工作习惯的目的，课程结构与教学效果均发生了巨大的变化。

该课程设计共分为五个情境，分别是："准备变压器保护调试""调试变压器主保护""调试变压器后备保护""调试非电量保护与传动试验""调试智能变电站变压器保护"。每个学习情境都是独立的，并且也是一个完整的工作过程，紧密围绕任务、项目、活动等载体，实现完整的思维过程训练，各学习情境呈平行关系。每个学习情境可分解为几个具体的"驱动"任务或项目，每个任务或项目都包含着若干个知识点和技能点。下面以情境"准备变压器保护调试"为例，详细说明设计过程及思路。

（1）情境描述及目标。通过该情境的学习，熟练掌握变压器故障类型与保护配置、安全和技术措施、通电检查、交流采样检查、开入量回路、开出量回路以及定值整定，达到独立调试变压器保护的目标。

（2）任务设计的要求。一是任务设计要有明确的目标要求，都要围绕教学目标设计；二是任务设计要有可操作性，有层次性；三是任务设计要符合学生的特点，要有趣味性；四是任务设计要科学、合理，带有真实的任务情境，把相关知识巧妙地融合到任务实施过程中；五是任务大小要适当，要求应具体，各任务之间有联系，组成一个任务链，形成两条线，一条明线即任务链，一是暗线即知识链；六是任务主题要来源于生活特别是与专业相关的生产实践。

（3）任务设计案例。根据现场工作流程，情境可分为"介绍变压器故障类型与保护配置""填写安全措施票""通电检查保护装置""检查交流采样""检查开关量输入回路""检查开关量输出回路""整定与打印报告"7个工作任务。每个任务的组织结构为：任务目标、任务描述、任务准备、任务实施及相关知识等，在任务二"填写安全措施票"中，各部分描述如下：

任务目标： 通过完成本任务的学习，应熟练掌握保护全部校验情况下的安全措施，能够独立完成安全措施的各项工作，并树立严谨、细致的工作态度。

任务描述： 双母线接线方式下保护全部校验的安全措施是在双母线接线方式下进行继电保护装置调试时保证人身、设备安全的必要措施，主要包括一次设备运行情况检查、装置基本情况、连接片原始位置记录和操作、电压、电流、控制回路各项安全措施的操作、记录等工作。

任务准备： 明确双母线运行方式下进行继电保护装置校验都有哪些危险点，需要进行哪些相应的措施保证人身和设备的安全。

任务实施： 课程分为理论讲授和实训操作两部分。

首先，由教师运用 PPT、视频等方式系统讲授填写安全措施票所需要的基本知识，包含系统双母线运行方式、电流电压回路、跳闸控制回路、启动失灵回路四大模块，在此基础上学生能理解并快速掌握填写注意事项；

其次，将学生分组，每组 3~5 人，老师分配不同的工作任务，在继电保护实训室对应的系统运行方式下，完成双母线接线方式下变压器保护新安装检验、定期检验、传动试验等具体工作所需要的安全措施票的填写任务，包含一次系统工作状态记录、二次设备工作状态记录、压板操作记录、交流电流回路操作记录、交流电压回路操作记录、控制回路操作记录、补充安全措施。任务完成工作流程和工作标准与现场工作场景完全一致。

最后，各小组完成后，由老师或者各组之间相互点评措施的完整性、准确性，达到分析理解、快速提高并熟练掌握填写安全措施票的目的。如果有填写错误，通过分析可能造成的事故，引起学生的重视，加深理解。

相关知识： 双母线运行方式、继电保护装置校验的危险点分析、继电保护校验基本工器具的使用方法。

第十六章

打造"五力"评价体系是职业教育师资队伍建设的主抓手

百年大计,教育为本,教育大计,教师为本。推进职业教育改革措施落地,不断提高现代职业教育质量,关键是要打造高水平的职业教育师资队伍。近年来,国家高度重视职业院校教师能力建设,各级政府和职业院校积极响应国家要求,出台了一系列鼓励教师岗位成长成才的措施。新时代教师究竟需要什么样的能力?如何高效提升教师的能力?是每一个职业院校都必须努力解答的问题。经过多年的研究和实践,我们探索建立了"五力"评价体系,为师资队伍建设问题提供了自己的答案。

一、新时代职业院校教师应具备的能力

新时代的职业院校教师,应立足"为谁培养人、培养什么样的人,怎样培养人"这一时代命题,着力提升项目开发能力、教学实施能力、语言应用能力、思想引导能力和现场实践能力(简称"五力"),进而提高人才培养水平,为社会主义事业培养合格的接班人。

1. 项目开发能力

紧跟职业需求，开展有针对性的教育培训是职业教育作为类型教育的重要特点，根据客户需要开发新的教育培训项目是职业教育教师的典型职业能力之一。与普通本科院校以增进知识和利用知识发明新技术为主要目的的科学研究不同的是，职业院校的研究开发工作既包括以发明应用型技术为主要目标，注重与教育教学和区域经济相结合的科学研究，又包括以培养高素质技术技能型人才为目标，以服务企业生产、满足客户需要为出发点，注重产教融合和校企合作育人的教学方法研究、教育培训项目开发、教学资源建设等研究开发工作，而且，后一部分应是职业院校研究开发工作的重点，是体现职业教育内在特征的标志性要素，是职业院校走产学研结合道路、加大校企合作的根本途径。在此基础上，客户需求的调研分析，教育培训项目及配套资源的开发等能力，应是职业院校教师的核心能力和竞争力之一。

2. 教学实施能力

教学实施是教师的主要职业形态，教学实施能力也就成为了教师的核心业务能力。相对本科在校生而言，职业院校学生普遍缺乏良好的学习习惯，缺少学习的主动性和自觉性，学习能力和文化基础也较差，这一客观现实要求职业院校教师：主动转变职业定位，从知识的传授者，转变为学生学习的引导者；主动改进教学理念，从传统的"教学生学"，转变为"教学生学会"，进而转变为"教学生会学"；主动调整教学中心，从如何把知识"教"给学生，转移至如何促进学生"学"上，通过"启发式""互动式""体验式""案例式"等教学方法，引导学生积极主动地去探究、研讨、观察和实践，使教学过程成为师生互动、合作、共同参与的过程。

3. 语言应用能力

语言应用能力直接决定了实际的教学效果。在教学活动中，教师作为教学活动的引领者，能不能通过语言等手段充分调动学生这一教学活动"主体"的参与热情和积极性，是评价其职业能力的重点之一。职业院校教师不仅要关注语言表达的专业性、逻辑性和严谨性，也应正确认识教师语言艺术的重要性，增强教学趣味性和吸引力，促进学生学习积极性的培养，让教学内容更加易于理解、吸收和掌握，为更好完成教学任务创造良好条件。

4. 思想引导能力

立德树人是教育的根本任务，也必然是职业院校的根本任务。职业院校教师担负着学生健康成长指导者和引路人的重任，要明确并积极履行既教书又育人的工作职责，因此，思想引导能力必然是其根本能力之一。在具体的教育教学实践中，教师应深入了解并研究学生的成长规律，充分挖掘课程思政元素，将培育和践行社会主义核心价值观贯穿到教育教学的全过程，当好学生思想品德的示范引路人和职业发展的指导者，时时育人、处处育人，引导和帮助青年学生把握好人生方向，树立正确世界观、人生观和价值观，让学生成为德才兼备、全面发展的人才。

5. 现场实践能力

"现场化"是职业教育区别于普通高等教育的重要特征之一，教师的现场实践能力是决定教师技能传授水平的关键因素。职业教育的人才培养目标和办学模式，要求教师既要有扎实的基础理论知识和较高的教学水平，又要有较强的专业实践技能和丰富的实际工作经验。"双师型"职业院校教师，一方面要树立终身学习的理念，加强职业教育理论、专业技术知识、教学手段方法等的学习，完善知识结构，成为传授理论知识的"老师"；另一方面要及时了解新兴的生产技术、工艺流程、行业标准和职业岗位的发展动态，掌握职业教育所需的专业技术和职业技能，积累实践工作经验，成为传授技术技能的"师傅"。

二、构建"五力"评价体系

1. 新时代职业院校教师岗位胜任能力模型研究

基于戴维·麦克利兰理论的胜任力模型。胜任力（Competence）是美国哈佛大学著名心理学教授戴维·麦克利兰（DavidMcClelland）于1973年首先提出的。一般认为，胜任力包括职业、行为和战略综合三个维度。职业维度是指处理具体的日常任务的技能；行为维度是指处理非具体的、任意的任务的技能；战略综合维度是指结合组织情境的管理技能。从系统性、相关性和可操作性的原则来看，胜任力的特征结构主要包括个体特征、行为特征和工作的情景条件。

基于上述理论，在制定教师评价标准时，我们从教师在工作中表现出来的"五力"能用成果反映的和需要通过评价衡量的两方面考虑，综合考评教师知识和技能的个体特征是否适合教学工作需要，同时考察教师是否具有在特定的工作情境中体现工作技能的能力。

基于DISC理论的PICE模型。1928年，美国心理学家威廉莫尔顿马斯顿创建了一个理论，来解释人的情绪反应，在他的《正常人的情绪》一书中，提出了DISC测评，以及理论说明。DISC测评着重从以下四个与管理绩效有关的人格特质对人进行描绘，即支配性（D）、影响性（I）、稳定性（S）和服从性（C），从而了解应试者的管理、领导素质以及情绪稳定性等。在 DISC 测评模型的基础上，以专业度、活跃度两个维度为标尺，对教师核心能力进行分析，从而提取出教师需要的三种核心能力，即现场实践能力（包括创新能力）、语言应用能力和项目开发能力。

基于上述理论，在制定评价标准时，设计了专业知识、职称、教材、论文、项目开发等体现教师专业能力的考核项目；设计了教研科研、教学创新研发等体现创新力的项目；在授课技能考评标准中加入了对教师的语言考察项目，考察教师的沟通能力、课堂感染力和课堂掌控能力；在教学实施考核中，设计了课件制作、课程单元设计、培养方案开发等考核项目，以考察教师的设计能力。

国家电网有限公司兼职培训师胜任力模型的构建与认证实践。国家电网有限公司兼职教师能力模型共包含培训职种专业知识和技能、教师基本知识和技能、培训教学能力、培训管理能力和职业素养等 5 个方面 39 个能力单元，依据这个模型构建了初级、中级、高级兼职培训师能力模型。公司在 2013 年修订了《国家电网公司兼职培训师管理办法》，制定了兼职培训师培训标准和认证标准，并开展了高级、中级、初级兼职培训师的认证工作，之后 4 年，共认证兼职培训师约 2.1 万人，大大促进了兼职培训师队伍建设标准化和规范化，同时，也对专职教师队伍建设起到了很大的推动作用。

基于上述理论与成功实践，在设计教师能力认证标准时，充分借鉴兼职培训师认证的成功经验；在标准制定时，充分考虑两者的共同能力特征，并借鉴兼职培训师认证工作组织的成功经验，设计专职教师职业能力认证工作。

2. 院校教师胜任力模型的构建

探索和建立基于胜任力的技术技能类教师素质模型，是开发模型测评工具、建立完整评价体系的前提。

总体定位和工作分析。在专业细分和能级对照矩阵的框架下，分级分类地对各专业各能力级别的工作内容及能力素质水平进行总括性描述。界定各专业各能力级别人员的区别，就能力级别间工作内容的差异和专业水平的递进程度达成共识。

能力素质分析。在综合国内外关于教师胜任力研究成果的基础上，通过行为事件访谈、问卷调查等方法，初步构建教师胜任力模型。教师的胜任力可以归纳为五个维度：项目开发能力、教学实施能力、语言应用能力、思想引导能力、现场实践能力等，并对能力素质进行分类，形成分级分类的 15 个胜任力因子：调研评估、资源开发、项目规划、教学理论、教学设计、教学实施、教学管理、中文水平、外语水平、政治水平、文化引领、教书育人、专业知识、实践能力、科研创新。模型给出了教师从业人员的具体要求，对于教师的能力评价具有重要的参考价值。具体见表 16-1。

表 16-1　　　　专职教师能力素质模型

胜任力维度	胜任力因子	胜任能力
项目开发能力	调研评估	教学需求调研分析
		教学效果评估
		教学效果改进
	资源开发	教学项目开发
		国际化项目开发
		教学设计编写
		教学课件制作
		教材编写
	项目规划	实训项目调研
		实训项目方案制定
		课题研究

续表

胜任力维度	胜任力因子	胜任能力
教学实施能力	教学理论	教学原理
		人力资源开发与培训
	教学设计	教学目标与内容设计
		教学过程与方法设计
		教学考核设计
	教学实施	教学组织
		教学效果
		督导评价
		教学工作量
		教学技能竞赛
	教学管理	课堂管理
		考核管理
语言应用能力	中文水平	沟通能力
		表达能力
	外语水平	外语语言水平
		外语授课能力
思想引导能力	政治水平	思想政治素质
		师德水平
	文化引领	企业文化
		院校战略
	教书育人	成人教育心理
		政策、制度、规定
现场实践能力	专业知识	教学专业知识
		所从事专业理论知识
	实践技能	现场锻炼经历
		专业操作技能
		指导实践能力
	科研创新	科技研发能力
		解决现场实际问题能力

3. 建立"五力"评价标准

任何评价的结果都是为了区分差别。教师"五力"评价的目的不在于评价本身，而是依据评价的结果、应用评价的结果为职业院校教师队伍的成长，明确方向，增加动力，扩宽路径。立足于应用，对于评价的标准进行研究，要解决等级划分、显性能力评价要项及赋值、隐性能力评价标准及特殊情况的处置规则。

等级划分。教师"五力"评价划分多少等级合适？主要取决于评价结果的应用。如果开展评价的目的是建立新的薪酬体系及考核体系，那就应该充分考虑未来可能的薪酬等级。当前，各职业院校教师的薪酬体系，存在着巨大的差异。我们将教师能力等级分为4个层次，12个细化等级：四个层次分别是初级、中级、高级和首席教师；而在每一个等级中又设1、2、3级，进而形成从初三级、初二级、初一级、中三级，一直到首席一级的序列。

其实，根据职业院校教师队伍的实际情况，借鉴国家职业技能鉴定、职业能力评价的实践，充分考虑实际评价的可操作性，应该将职业院校教师"五力"评价，按照首席、高级、中级、初级、助理5个等级进行划分。

"五力"评价标准赋值。根据教师的实际工作需要，对"五力"的具体评价标准进行了明确（见表16-2）。

表 16-2   教师"五力"评价标准

胜任力维度	胜任力因子	胜任能力	评价方式	赋分标准（满分10分）	折算系数（%）
项目开发能力	调研评估	需求调研分析	业绩举证	提交编制培训信息需求说明书，参与1项2分，主笔编制1项4分，主要策划过培训项目1项计5分，最多按2项计	1
		教学效果评估	业绩举证	能对授课效果进行总结与反思4分；能开展学习评估5分；能开展行为评估6分；能根据评估结果，分析改进方向8分；能分析一、二级评估结果，指导培训师改进培训工作10分，按最高得分计	1

续表

胜任力维度	胜任力因子	胜任能力	评价方式	赋分标准（满分10分）	折算系数（%）
项目开发能力 项目开发能力	资源开发	教学效果改进	业绩举证	能及时对教学反馈做出反应5分；能针对教学反馈，明确改进方向6分；指导过中级及以下培训师改进教学效果8分；指导过高级及以下培训师改进教学效果10分	1
		项目开发	业绩举证	参与过项目开发工作1项计2分；作为前两位人员，参与过公司级项目开发1项计3分；作为开发工作负责人，开发过公司级培训项目1项计4分；作为开发工作负责人，开发过公司级培训项目且具有指导培训师开展开发工作的经历计5分。以上最多按2项计	2
		国际化项目开发	业绩举证	参与过国际化培训项目需求调研计3分；作为前三位人员，参与过至少一项国际化项目开发计5分；作为开发工作主要负责人，开发过两项及以上国际化培训项目计8分；牵头组织过对国际化培训项目的评审工作计10分	1
		教学设计编写	现场考核	能按要求编写单元教学设计6分；能根据单元教学设计进行说课7分；能通过说课，研讨交流改进完善教学设计8分；根据培训内容，应用培训理论分析、审核教案，评价教案编写情况10分	2
		课件制作	现场考核/业绩举证	掌握PPT的创建与编辑、对象的插入、模板运用、放映等操作6分；掌握PPT中简单动画的制作，综合运用配色方案、音乐、图标、链接等功能7分；掌握多媒体课件设计方法，能编写多媒体课件脚本8分，熟悉网络课件的特点开发和设计原则、制作方法，能录制微课9分；能设计并录制微课，能指导培训师开展课件制作，并能对课件作出评价10分	2
		教材编写	业绩举证	参与过教材编写工作8分；作为前三位人员，主要参与过教材编写工作9分；作为第一作者编写过正式出版教材或主审过正式出版教材10分	3
	项目规划	实训项目调研	业绩举证	参与过实训建设项目调研并撰写调研报告8分；了解本专业最新技术发展情况，主要参与过实训项目可行性报告编制9分；熟悉实训室建设需求，编写过实训项目可行性报告，监督项目建设进程，参与过项目验收10分	1
		实训项目方案制定	业绩举证	参与过实训建设项目方案编制8分；以前三位人员参与过实训建设项目方案编制9分；主持过实训室建设项目方案编制10分	1

续表

胜任力维度	胜任力因子	胜任能力	评价方式	赋分标准（满分10分）	折算系数（%）
项目开发能力	项目规划	培训课题研究	业绩举证	以前三位人员参与过学院立项的各类课题研究项目（不包括科技项目，下同）8分；主持过学院立项的各类课题研究项目9分；以前三位人员主要参与过公司立项的各类课题研究项目10分	2
教学实施能力	教学理论	教学原理	考试/业绩举证	教学理论笔试，满分100分，助理培训师60分及以上，初级培训师70分及以上，中级培训师80分及以上，高级培训师85分及以上；首席培训师提供2次及以上在教研活动中指导年轻教师掌握基本教学原理的业绩	3
		人力资源开发与培训	考试/业绩举证	笔试，满分100分，助理培训师60分及以上，初级培训师70分及以上，中级培训师80分及以上，高级培训师85分及以上；参评首席培训师需提供人力资源开发与培训的方面正式发表的论文2篇	3
	教学设计	教学目标与内容设计	现场考核/业绩举证	能把握课程教学总目标，分解设定课堂教学目标6分；掌握教材的知识结构，了解重点和难点，合理选择教学内容7分；掌握教学目标的概念、作用、分类，把握重点和难点8分；能开发或选用辅助教材充实教学内容9分；参评首席培训师能对教学设计进行点评，审核教学目标和教学内容	2
		培训教学过程与方法设计	现场考核/业绩举证	课堂教学各环节完整6分；能根据设备条件，设计相关环节辅助完成教学7分；根据学员的起点能力，选择、设计应用灵活的教学方法8分；能熟练应用多种教学方法开展教学设计9分；参评首席培训师应能开展过教学方法设计示范和指导	2
		培训考核设计	考试/业绩举证	了解培训考核的方式6分；能独立设计简单考核项目7分；能设计考核项目，制定考核标准8分；应用培训考核结果、分析培训目标的达成情况9分；应用培训考核结果指导改进培训内容、过程和方法10分	2
教学实施能力	教学实施	教学组织	现场考核/业绩举证	能独立完成理论课教学，教学环节齐全6分；灵活运用讲授、提问、演示、讨论、案例分析等理论教学授课的基本方法7分；能针对不同的培训对象和课程采用不同的有效教学方法8分；能有效设计并组织课堂活动，提高学员学习积极性9分；具有指导培训师采用先进教学方式开展教学活动的业绩，指导的培训师教学组织效果好10分	2

续表

胜任力维度	胜任力因子	胜任能力	评价方式	赋分标准（满分10分）	折算系数（%）
教学实施能力	教学实施	教学效果（学员评价）	测评	参评助理培训师学员满意率在85%以上；参评初级培训师学员学生满意率在88%以上；参评中级培训师学员学生满意率在90%以上；参评高级培训师学员学生满意度在92%以上；参评首席培训师学员学生满意率在94%以上。达到相应级别标准即计满分，每降低1个百分点，减2分，最低可为0分	10
		督导评价	督导	助理培训师、初级培训师C级及以上；中级培训师、高级培训师B级及以上；首席培训师A级。达到相应级别要求即记满分，达不到每降低一个级别扣3分，最低0分	5
		教学竞赛	业绩举证	厅局级培训教学比赛三等奖计6分，二等奖计8分，一等奖计10分；省部级培训技能竞赛三等奖计8分，二等奖及以上计10分。参评首席培训师需有指导培训师获得厅局级二等奖及以上或省部级三等奖及以上业绩	3
	教学管理	课堂管理	督导检查	根据督导评价和检查结果，最高10分。教学检查每发现一次疏于课堂管理扣2分	2
		考核管理	业绩举证	能根据考核方案参与考核工作6分；能制定考核方案8分；能审定考核方案9分；能根据考核结果做出分析，提出改进意见10分。考核过程不公平公正，被学员投诉属实的，每出现1次扣5分，最低0分	2
语言应用能力	中文水平	沟通能力	考核评价	能清楚、正确表达所讲内容7分；能对学员学生反应及时作出回应8分；具有一定的应变能力，能解决学员提出的疑难问题9分；具有加强的应变能力，能够协调处理培训中出现的各种问题10分	2
		表达能力	考核评价	语言表达清晰连贯、准确规范7分；语言表达科学、简明生动、逻辑性强8分；语言表达具有感染力和启发性9分；语言表达有自己的风格，能合理运用肢体语言10分	2
	外语水平	外语语言水平	业绩举证	大学英语四级或达到B1级8分；大学英语6级或达到B2级9分；雅思5.0以上或相应等级10分	2
		外语授课能力	业绩举证	协助国际化培训授课计6分；独立承担过国际化培训工作计10分，获得ATD培训大师证书计10分	2

续表

胜任力维度	胜任力因子	胜任力能力	评价方式	赋分标准（满分10分）	折算系数（%）
思想引导能力	政治水平	思想政治素质	组织鉴定	由基层党组织鉴定评价分数	2
		师德水平	组织鉴定和学员测评	组织鉴定占5分，学生师德测评5分。发生一次有损师德的行为经查实的，本项为0分。首席培训师需要获得过学院及以上级师德标兵荣誉称号	3
	文化引领	企业文化	考试	与教学理论笔试同时开展，满分100分，助理培训师60分及以上，初级培训师70分及以上，中级培训师80分及以上，高级培训师85分及以上，首席培训师90分以上	2
		学院战略	考试		1
	教书育人	成人教育心理	考试		1
		政策、制度、规定	考试		1
现场实践能力	专业知识	培训职种专业知识	考试		2
		所从事专业理论知识	技能考评	助理培训师需具备本专业初级工理论知识；初级培训师需具备本专业中级工理论知识；中级培训师需具备本专业高级工理论知识；高级培训师需具备本专业技师理论知识。参评首席培训师，需参与过本专业公司技能等级评价命题工作	5
	实践技能	现场锻炼经历	业绩举证	助理培训师考核期内到现场实践锻炼累计不少于3个月计10分；初级培训师考核期累计内到现场实践锻炼不少于2个月计10分；中级、高级培训师考核期累计内到现场实践锻炼不少于1个月计10分，以上每不足标准1天减0.2分。首席培训师考核期内到现场调研培训需求、学习先进知识累计不少于3次，少1次减3分	3
		专业操作技能	技能考评	助理培训师需通过本专业初级工技能等级评价；初级培训师需通过本专业中级工技能等级评价；中级培训师需通过本专业高级工技能等级评价；高级培训师需通过本专业技师技能等级评价；首席培训师需通过本专业高级技师技能等级评价。公司未统一开展技能等级评价的专业，需通过学院统一组织的相应专业技能等级评价	10

续表

胜任力维度	胜任力因子	胜任能力	评价方式	赋分标准（满分10分）	折算系数（%）
现场实践能力	实践技能	指导实践能力	业绩举证	能配合指导学员开展实训6分；能独立指导学员实训7分；明确实训中的风险点，能做好风险防控8分；能编制实训作业指导书，根据设备条件开发实训项目9分；能审核作业指导书，对实训过程进行全面指导10分	3
	科研创新	科技研发能力	业绩举证	参与过学院立项的科技创新项目7分；以前三位人员参与学院立项的科技项目8分；主持学院立项的科技项目或主要参与公司立项的科技项目9分；主持公司立项的科技项目10分	2
		解决现场实际问题能力	业绩举证	参与解决过现场实际问题8分；作为主要项目负责人，解决过现场实际问题10分	2

分级评价标准。在具体评价过程中，不同胜任能力项设置5个层级，分级制定标准，达到相应层级取得相应分数。各层级总分和单项指标都达到最低标准方可评价为相应等级。具体详见表16-3。

表16-3　　　　　各等级达标分数标准

级别	项目开发能力	教学实施能力	语言应用能力	思想引导能力	现场实践能力	总分
助理教师	7	25	5	6	17	60
初级教师	10	27	6	7	20	70
中级教师	12	29	7	8	22	80
高级教师	14	33	7	9	23	86
首席教师	15	36	8	9	25	93

4. 评价组织模式

以胜任力模型为基准的"五力"评价，归根结底是一种综合评价行为，而且评价结果对个人发展可能有重大影响，对院校的管理机制也可能产生重大影响。这就要求职业能力认证必须具有以下特征：

权威性。要想使评价结果得到有影响的应用，评价的组织必须具有足够的权威性。职称评价、职业技能鉴定等都是由国家部委层面组织和推动的评价行为，因而受到广泛的认可和应用。人才评选是国家电网有限公司总部推行的旨在激励一线人才发展的措施，也因此获得了积极的响应。院校层面评价组织，在充分征求各方面意见的基础上，坚持职能与专业相结合、量化与考证相统一，并引入学员学生问卷调查，基于大数据来消除偶然因素，确保了评价的权威性。

公平性。 在评价的生命力要素中，公平性是非常重要的。一方面，评价的指标体系要公平，不能有偏爱或歧视，覆盖全面、赋值合理；另一方面，评价的组织过程要体现客观公正，无论评价人员组成、评价标准与流程公开，还是对各要素支撑材料的具体评价，都要一视同仁、严格执行评价标准，避免任何人情因素和干扰因素。

可比性。 评价结果的应用一定是建立在其自身的可比性基础上。不同分值代表不同的能力差距，除了比较总分外，应该还可以从不同的维度发现个体差别。唯有如此，认证结果才可能成为个人自觉学习和成长的方向标，才有可能成为组织用人和培养人的重要指针。

可持续性。 评价要真正发挥作用，必须是一种常态化、可持续行为。这就要求评价指标体系必须有生命力，可以源源不断地产生可供评价的客观成果。同时还要求有相应的强制措施，以保证评价的参与度和认证结果的有效应用。

基于以上认识，教师"五力"评价在组织模式方面主要考虑以下几个方面：

评价主体。 考虑到教师"五力"评价结果涉及岗位、薪酬等要素，评价组织应该由人力资源部门负责，以体现组织需求，体现权威性。具体的认证组织应该由专业管理部门组织实施。对此，借鉴华为公司的经验，建立评价专家库，评价专家（考评员）必须从专家库中选聘或抽取，参与评价的专家（考评员）由院校组成评价专家委员会。

从具体分工和工作流程看：人力资源部门负责研究制定有关政

策，加强评价结果应用；专业管理部门负责制定评价标准、评价工作方案、任命考评专家委员、组织认证考评，向党委汇报评价结果，公布评价结果；各系部组织有关人员参加评价，提供业绩证明和客观评价结果，组织应用认证结果。

评价周期。国家职称评定按年度开展，职业技能鉴定每年都有若干次，人才评选每两年组织一次；国家电网有限公司现行薪点工资制的调整周期也是两年。考虑到职业能力的发展变化不是一个剧变的过程，显性能力认证依据的创新性成果和绩效评价等也需要一定的周期，并考虑与工资调整的周期衔接。教师"五力"评价周期可以确定为每年组织一次，但教师每两年只能参加一次，评价结果四年有效，四年到期后要参加复评，否则降低一个层级应用。

晋升与退出机制。教师"五力"评价第一次组织允许全员参与，根据基本条件确定参与认证的等级。评价不设比例，符合条件且达到评价标准者，即予以认证。在符合基本条件的基础上，教师每两年可以申请参加高一个级别的评价。四年后必须重新参加本级别的复评或高级别的评价。

教师因退休等各种原因离开专职教师（培训师）工作岗位，将不再参加"五力"评价。因个人原因导致"五力"评价结果超过有效期而未参加新一轮评价，将失去本等级应用资格，在岗位聘任时降低一个级别考虑。

三、评价结果应用

评价本身不是目的，合理而充分地应用评价结果，促进教师职业能力提升才是最终目的。具体来讲，可以在以下几个方面施加影响：

影响教师薪酬标准。评价结果与教师岗级挂钩，从政策上激励教师不断提高教学能力，提高教学质量，达到以评价工作推动教师能力和水平不断提高的目的。

影响个人职业发展。 作为前置条件影响教师的岗位升迁、人才称号评选等涉及个人职业发展的关键事项。

影响教师横向交流。 可以作为院校人才流动时薪酬标准、岗位配置的过渡依据，实现人才的有序高效流动。

第十七章

管理创新是职业教育的"进化"保障

> 从本质上讲,职业教育也是时代的产物,不论职业教育的创新还是发展,在很大程度上取决于办学主体的决策与管理。决策上的与时俱进、管理上的不断创新,永远是职业教育沿着正确道路进化与发展的根本保障。

一、国内外职业教育的创新研究

国外关于职业教育管理创新的研究,主要集中在管理观念的创新和人才培养模式的创新上。基于各国国情的不同,侧重点略有不同。与国内相比较,国外在职业教育的管理方面,普遍注重"人本主义"价值观念的引入,即倡导个人综合能力的提高和学生个性的发展,最大限度地挖掘学生潜力。另外,国外的职业教育普遍重视终身教育观念和全民教育观念,他们的生源不仅仅局限于参加高考和对口升学的学生,还把目光放在留学生和外国劳动者身上,并以社区为据点,为社会人士提供随时充电的机会。

由于历史的原因,我国职业院校管理创新方面的研究较少,尤其是专业学者的研究更是凤毛麟角。目前发现的关于以职业院校管理创新为主要研究对象的专著很少，主要是严中华的《高职院校管理创新理论与实践指南：基于校企双主体教学企业构建与管理》一书，该书是国内第一本系统探讨"教学企业"的专著，是作为国家骨干示范高职院校建设的参考用书；该书以构建"教学企业"这一国家骨干高职院校建设不可回避的重要任务为切入口，并借鉴国外社会企业（创业）先进理论，系统地探讨了我国高职院校面临的三个层面（宏观、中观、微观）上的管理创新及其相互之间的理论与实践关系，具有较强的实用性。再就是任向杰的《向企业学习管理：高职院校育人探索》一书，从战略管理、专业建设、教学管理、人力资源管理、绩效管理、招生就业、学生管理、后勤服务、社会服务和文化构建等方面论述了如何向企业学习管理，增强高职院校的育人能力，提高高职院校的育人水平。另外，2011年赵楠的《基于创新的中国高等职业教育管理模式研究——以辽宁省为例》一文中，通过对辽宁省高等职业院校的教育管理体制、教学管理模式、教育运行机制等方面的研究和探索，以三螺旋的创新模式，探索了高职院校、企业和政府的三螺旋关系是相互连接、共同作用、螺旋上升的。2011年李建国的《我国高职院校"内部管理体制"改革研究》一文，对我国高职院校内部管理体制的核心概念作了界定，分析探讨了我国高职院校内部管理体制存在的主要问题，认为主要存在组织结构"克隆"本科院校模式、内部权力配置失衡、两级管理权责划分不明晰、内部教育资源配置不合理、激励机制不健全等五大问题。

综上而论，国内关于职业教育管理创新的研究，虽然不够丰富、不够权威，但也从中能够看出它们的聚焦点主要集中在以下三方面：

一是管理模式创新的研究。 这方面的研究，主要集中在职业教育机制体制创新和人才培养模式创新上面。尤其是对职业教育机制体制创新的研究，是近十年来的研究热点与焦点，有很多期刊文稿涉及这一主题，尽管这些文章对职业院校管理创新的重要性以及具体的创新思路和方法都有不同程度的阐述与见解，但鲜有较为系统和完整的研究。自 2007 年我国开展第一批示范院校建设开始，在基于校企合作、工学结合或者校企"双主体"人才培养模式的创新方面，取得的成果还是比较显著的。通过这些研究成果我们能够看出，职业院校管理创新与人才培养模式创新之间是相互联系、相互促进的关系。之所以在国家极力创造条件大力发展职业教育的大环境下，职业教育仍缺乏足够的吸引力，固定人口结构变化带来的教育生源少是一方面的原因，根本还在于没有建立新的人才培养模式及与其相配套的管理机制体制。

二是管理过程创新的研究。这方面的研究，应该说，数量较多且内容比较集中，主要集中在教学质量监控和学生管理上面。大部分是将职业院校与普通高校进行区别，从课程建设、专业设置上对教师观念的改变、学校创造能力的培养上入手，进一步把企业生产的操作过程与教学过程密切地结合起来，培养学生的动手能力与职业意识。值得关注的是，最近几年，关于战略管理的研究越来越多，且越来越成熟。研究内容从最初的探索到功能、特征，再到实施、评价等。这种研究趋势已经反映出：战略管理是未来职业院校管理的必然选择。

三是管理结构创新方面的研究。对于"金字塔式"的管理结构，学者们普遍意识到了它的落后性，由于是计划经济的产物，它受传统管理观念的影响过多，行政色彩过于浓厚。再加上管理幅度小、管理层次多、管理效率低等特点，已经限制了职业院校的健康发展。近年来，许多院校都对"扁平式"的结构和二级管理作了不少有益的探索和尝试，理论效果虽很明显，但真正运用到实践的体制尚未建立起来，也没有形成系统性成果。

二、我国职业教育的管理问题

问题是理论的起点，也是创新的动力源。从管理的视角，来审视我国职业教育存在的问题，可以归结为以下几个方面。

管理理念滞后。可以肯定地讲，与社会发展和先进企业相比较，职业院校的管理理念是相对僵化的，也是相对滞后的。我们知道，管理行为源于管理理念，忽视理念创新，管理行为只能成为无本之木、无源之水。因此，要想创新职业院校管理，首先要从理念创新入手，解放思想，超前定位，凝聚智慧，科学创造，为实现职业院校管理的综合创新打下坚实基础。而管理理念的先进与否，直接影响和制约着管理行为。只有切实转变职业院校的传统观念，在办学理念、治理体制、运行机制、薪酬体系等方面与时俱进进行创新，才能充分调动全体教职员工的积极性，才能真正提高职业院校管理效能，进而探索与实践出适应高质量发展的新观念、新思路。

管理手段传统。管理手段方法是管理理念与管理制度的实践化、工作化的具体表现。科学多样的实施手段，是职业院校管理实现其功能的基础。而当前多数职业院校，体制上套用政府，机制上缺少弹性，管理上手段单一，量化考核过分关注结果而忽视过程培养。这些问题导致了教师工作和学生学习自主性和积极性的受挫，严重影响了院校的有效管理。另外，管理技术手段也比较落后，近几年，虽然信息网络技术已经取代传统的管理模式，推广应用到职业院校方方面面的管理中，但是大多数的院校普及还未深入，信息网络技术的基础设施建设还有待提高。

管理制度不完善。作为科学管理的表现形式，制度管理是一种后顾和规约的管理模式。这种管理模式，既强调院校活动要规范化、标准化和程序化，也强调以制度管理规范教师和学生的日常行为，从而保障院校工作的正常有序运转。但是，由于受社会浮躁风气的影响，加之知识分子对制度管理的偏见认识，职业院校的管理制度有些疏于表面、有些流于形式，多数没有落到实处。

管理机制不健全。 管理是系统工程，一般由管理机制的建立、管理制度的制定、管理的监督、管理的运行等要素组成。而能够起到激励与目标导向作用的管理机制，往往是保障管理正常运转的核心要素。但就目前我国职业教育的发展状况来看，运行机制不畅、激励机制匮乏等问题，是具有普遍性的。当前，虽然各个院校大都建立了"多劳多得、优劳优酬"分配激励机制，但这种"多劳优酬"往往又与职位、职称密切挂钩，并未真正达到制度设计之初的目的。

管理文化不浓郁。 管理文化作为一种对生活渗透力极强的精神成果，能够潜移默化地影响校园文化，能够对感化思想、陶冶情操、养成行为起着润物细无声的作用。但就目前来看，职业院校的办学规模虽然可以短期内达到一定的高度，但是管理文化的形成与渗透却很难同步做到。这其中，既有办学历史的影响，也有区域环境因素的限制，还有管理层观念滞后的制约。

三、我国职业教育的创新策略

20世纪末，国外著名学者塞基万理（Sergiovanni，T.J.）著文指出，"近100年来教育管理思想可分为四种模式：关注效率模式、关注人的阶段、关心政治与决策制定、关心文化模式"。国内学者们更倾向于将学校管理分为三种模式：经验管理模式、科学管理模式和文化管理模式。我国经济学家成思危就曾断言："如果说20世纪是由经验管理进化为科学管理的世纪，则可以说21世纪是由科学管理进化为文化管理的世纪。"正如学者们预言，文化管理模式而今正在逐渐变为教育管理的未来模式。它所强调的是用文化的力量创造和影响管理，希望用一种无形的文化力形成一种行为准则、价值观念和道德规范，从而凝聚员工的归属感、积极性和创造性。

其实，文化管理的模式，说到底是通过价值观念和组织精神的培育达到组织目标，进而实现自我价值的管理方式。职业院校唯有建立起浓郁的创新文化，才能保证自身不断发展进化。那么，如何进行文化创新呢？对于职业教育而言，创新策略无非落地在以下五个方面：

（1）**实施开放式管理策略，适应社会的发展**。职业院校在社会需求方面具有一些颇具优势的专业，在发展这些优势专业的同时，要根据自身能力和经济情况来制定相应的发展目标。在传统职业教育中，院校只重视学生的就业率，而不太重视社会进步，由此出现了"做大做强，自我欣赏"现象。

在社会经济快速发展的当今社会，我们必须摆脱传统的办学方式，用发展的眼光来进行教学管理，加强优势专业的发展力度，加大教师队伍专业培训，增进自身发展后劲。特别是学校管理者，要根据当前社会发展的现状来制定教育目标，运用开放式的策略来进行院校科学管理。例如，把企业引入院校，构建校企联合机制，直至产教深度融合，创建企校共同体，提高专业的实效性，使院校深度融入社会以获得更好地发展。

（2）**构建以人为本的教学机制，提高学生综合素质**。职业教育不同于普通高等教育，主要是培养技术技能人才。因而，构建以人为本的教学机制，是提升学生综合素质的重要抓手。对于教师管理，要围绕他们的教学"主体"地位，善于倾听他们的看法和意见，及时收集教学信息，及时了解有关问题，为更好地进行管理提供依据。对于教学过程，要时刻坚持以人为本的教学原则，充分激发学生学习的主动性，引导学生高效解决学习中遇到的问题，提高他们的学习效率。对于学生工作，要突出心理辅导、思想引导、规范个人行为，养成健康品行。另外，院校管理者还应该为教职员工与广大学生在管理、教学、学习等方面提供更大空间，使他们能够充分发挥自我潜能，积极参与院校教学管理。

（3）专业教育渗透职业素质，促进学生综合发展。 随着社会的快速发展，对人才的要求不仅仅是具备丰富的知识和专业技能，还要求他们具备较高的职业素养。因此，要着眼于学生综合素质的培养，将职业要素融入专业学习，将文化活动融入学生生活，通过在课堂上进行职业素质的渗透、在生活中进行综合素质的养成，让学生树立敬业、爱岗、诚信、务实的信念，并在生活和实践过程贯彻这种信念。

需要明确的是，通过专业群内涵建设可以大大促进职业院校的综合改革力、集成发展力、协同创新力、需求适应力。实践表明，职业院校各项基本职能的实现，最终都要落实到专业上。专业群具有显著的集群优势，可以优化整合教育资源，拧成一股合力培养出高质量的人才，是专业建设的重要抓手。专业群的建设水平体现在人才培养体系、培养模式的创新，体现在教学资源的高度整合，体现在社会服务能力的集成提升，体现在创新型、复合型人才的培养，体现在人才培养的目标达成度、社会适应度、条件保障度、质保有效度和结果满意度的提高，可以整体提升高职院校的办学水平。

（4）创新教学方法，激发学生的主体意识。 现代职业教育应基于企业本位实施现场化教学。就此，美国教育家杜威指出："通过作业进行的教育所结合的有利学习的因素比其他方法都要多。作业能唤起人的本能和习惯"；中国近代教育家黄炎培主张"手脑联合训练"，倡导"实习联系课程"，通过"要办职业学校，先办工场；欲办农校，先办农场"等方式为学生提供现场实践场所，真正践行了"做中学、学中做"的现场化教育理念。

过去的教育是"学历为主、能力从之"，将学生圈在教室，目的是解决"让学生学"的问题；现代职业教育应该是"现场化教育"，让学生走出教室、走进企业，推进课堂教学与现场岗位"师带徒"模式融合，实现知行合一、工学结合，推动职前职后教育一体化发展，实现"学习－工作－学习－工作"的交替循环。由此，职业院校在对教学方法进行创新时，必须以技能技术教学为主，重视实践教学环节，为学生提供充足的实训设施，让他们在探究中掌握更多的专业知识，在实践中加深对知识的理解，提高他们的动手操作能力。

（5）完善技能训练体系，提高学生的职业能力。我们经常发现，在企业只需几个月就能熟练掌握的技能，学生却在职业院校学习三年仍然不会。原因是多方面的，最主要的原因则在于：在传统的职业教育中，教学只注重学生对专业理论知识的掌握，忽视了对他们技能的培养，让学生掌握的都是书本上的死知识，不能灵活地运用；专业教学流于纸上谈兵，没有给学生足够多的实际操作机会。由于缺乏技能型教师的指导，使得技能教育大打折扣。所以，要想真正提高学生的职业能力，职业院校要按照专业设置与产业需求对接、课程内容与职业标准对接、教学过程与生产过程对接的要求，从专业设计、课件设计、教育方式等方面密联行业企业，根据企业需求和社会发展持续更新专业目录、教学标准、课程标准、实习标准、实训标准，并要引入数字技术、强化物联网状态下的实训资源共享，建立虚实结合、实时更新的实操技能训练体系，进而实现定制化设计、定向性培养，才能真正培养出与企业需求高度契合的技术技能型人才。

第十八章

建设数字化知识体系是提升职业教育的重要方式

> 我们生活在一个数字时代,学生们面对的是数字化的未来,应用基础知识的常规性工作将越来越少,人工智能、机器人等将逐渐吞噬当下许多的人力工作。现在,我们几乎每天都在与电子屏幕打交道,接受着数字化文化知识信息的影响,快速有效地充实着我们的文化知识,提高着我们各方面的技能。新时代高水平的职业教育,一定离不开数字化知识体系的支撑。

一、数字化知识体系对职业教育的支撑和提升

人类知识形态受制于科技的发展。传统知识形态,是纸质印刷型,用户与知识载体之间是身体与纸质载体之间的单一关系。进入工业化时期以至今天的网络时代,知识形态逐渐发生变化,当今时代,进入了前所未有的知识信息高速传播时期,信息技术带来了知识形态的多元化,缔造出各种生动而丰富的文化知识形态,用户与知识信息变为身体与多元知识形态之间的关系。

确实,以智能技术、大数据分析技术、云计算和物联网应用为主

要标志的第四次工业革命,正在把人类带入个性化、网络化、智能化的生产时代。第四次工业革命不仅会彻底颠覆传统制造业的生产方式,大大改变人们的知识技术创新方式,为人类带来全方位的智能生活,而且智能化生产系统所需技术技能人才是一种高度复合型人才,这既会体现在需要掌握横跨具体工业领域与软件领域的学科知识,也会体现在需要具备技术创新能力,同时还会体现在需要掌握精湛的技术技能与完整的复杂生产系统的原理。

所以,建设数字化知识体系,可以有效解决现代职业教育学习形态的局限性。数字化知识体系的鲜明特征,就是让人学习更便捷、联系更融通、进入更方便、时时处处可学。理想的数字化知识体系未来形态,是让人随时随地拥有一所大学。建设数字化知识体系,能够将各种知识资源汇集到一个平台,让知识互联,减小人的学习活动半径。让知识的获取变为智慧的学习状态,让学习过程变为更加轻松便捷的交互状态。

高水平数字化知识体系建成后,教育和学习的场景将会发生巨大的变化。就此,我们可以设想到如下场景。

教师:授课前,在办公室或家通过云平台完成课程设计,发布课前任务,制作发布课件;授课中,从云端获取授课课件,在授课过程中可通过手机与屏幕、学员互动;授课后,发布作业,通过论坛与学员互动交流。

学生:课前,获得面授时间、内容提醒,从云平台获取并完成课前任务;课中,同时浏览多维度支撑知识,课堂上可通过手机参与课堂互动;课后,完成并通过无线学习平台提交作业,通过论坛与培训师互动交流。

教学管理者:事前,依据需求调研数据,利用云平台,开发培训项目或教学课程,选聘师资,安排教学计划;事中,远程完成课堂考勤、满意度评价;事后,形成项目实施分析报告。

可以预期的目标：学习的形态丰富多样，学习效率极大提高，教育的质量持续提升。

二、高水平数字化知识体系的构建实践

网络业态的本质特征，就是"数字化、信息化、共享化、持续化"。这其中，数字化是基础，信息化是资源，共享化是用途，持续化是目标。2018年，我们提出"健全知识管理体系，依托网络大学和图书馆，构建全景式资源管理体系"，组织开展了构建全业态知识管理体系研究工作，用三年时间建成数字化知识管理中心。

知识管理中心的愿景是让知识变成最有价值的资产，建设目标是成为院校核心竞争力的重要支撑。为实现这一目标，需要实现知识产品化，在各类知识的鉴别、创造、获取、存储、共享和应用，形成具有较高美誉度的课程体系及其配套资源、评价标准与题库等能源互联网行业知识产品，并实现知识产品的创新生产、交易、增值。院校将通过自有产权知识产品交易、拥有使用权的知识产品集成服务提供以及平台运营服务获取收益。

知识管理中心的使命是聚焦能源互联网，提高知识生产率，支撑人才与组织创新发展。顺应新时代发展要求，院校知识管理中心将充分发挥"三中心、两基地、一平台"作用，聚焦能源互联网发展的趋势和方向，以提升知识产品生产效率为己任，服务在校学生与国家电网有限公司各级单位持续创新发展。

知识管理中心的价值观，是以客户为中心、专业专注、持续改善。在知识活动中，坚持以人为本，将人看作知识的最重要载体和知识活动的实施主体，看作创造力的源泉。通过知识资产的共享与重用，提升所服务组织和个人的知识水平和创新能力，提升工作效

率、研发水平、操作技能及服务能力；在运营过程中，以知识资产管理和业务运作流程为核心，将知识管理渗透到知识活动每个环节，提高业务管理水平、产品研发能力、生产经营水平、市场开拓能力、产品附加值，提升服务企业员工与在校学生的水平和院校经营管理水平。

国家标准中，知识定义为通过学习、实践或探索所获得的认识、判断或技能。其中，认识是人脑对客观世界的反映，判断是人脑反映事物之间联系和关系的思维形式，技能是通过学习或实践而获得的可以完成一项工作或活动的能力。其实，我们提出以知识资源为核心，通过资源数据化、平台工具化、应用场景化，创建组织与个体共创、共享、共生、共赢的数字化知识体系，可以为企业员工与在校学生提供更为广泛的知识体系。

1. 泛在电力物联网网络学习生态圈

物联网是成本最低、效率最高的运行组织，"物物相息"是其根本特点。网络学习生态圈是由网络学习共同体及其相应学习环境构成的网络学习实体，为学习者和助学者提供沟通交流、协作学习的学习环境。生态圈内各要素之间相互影响、相互适应、协调发展。

依托网络大学平台，基于"大云物移智链"等新技术，我们提出了围绕"资源数字化、平台工具化、应用场景化、传播便捷化、评价价值化"来构建泛在电力物联网网络学习生态圈，创设可持续发展的网络学习生态，每个人（组织）基于学习环境，可以实现知识生产、知识传授、学习引导、智慧学习等角色循环转换，实现内外部学习资源与人员无缝连接，推动资源数据化、平台工具化、应用场景化、传播便捷化、评价价值化，进而把网大打造成无边界的平台，无阻碍的业态，无局限的追求，有内涵的引导，进而实现服务不留痕迹，流程不动纸张，一卡全面覆盖，业务互联众建的数字体系。

网络学习生态圈的核心场景，在于打造终身学习服务中心、学习资源共享中心、能力评价支持中心和大数据分析中心"四个中心"。

（1）终身学习服务中心。实现学生学员职前职后发展数据一次录入采集、共享共用，线上线下教育培训业务线上统一闭环管理，构建涵盖职业生涯规划、岗位能力提升的职业能力发展管理平台。建设客服中心，提升用户服务能力。开发建设外网平台和移动端平台，扩展平台业务对象，面向电力行业、职业院校、社会公众提供在线学习服务，建成适应各层级各业务场景，推动知识创新的社会服务平台。

（2）学习资源共享中心。实现各层级间知识资源、师资资源、学习资源、实训资源贯通，开展知识审计，更新迭代存量资源；引进外部优质资源，输出内部精品资源；完善优化运作机制和平台内容贡献激励机制；建立融媒体中心，提供知识开发"中央厨房"；打造建成满足国家电网有限公司全部专业、岗位、人员需求的优质培训资源汇集与共享的知识服务交易枢纽平台。

（3）能力评价支持中心。实现水平评价类、准入评价类项目全程在线管控，支撑技能等级评价、带电作业资质认证工作开展；编制推广培训师信息化教学应用指南，开展管理员认证培训；引入通用测评工具，开发专业能力测评标准与题库，开展培训机构、培训学习过程以及学生学员个人的评价业务，支撑以能力模型为导向的人才选拔培养体系运作。

（4）大数据分析中心。实现内网业务平台数据贯通，打造培训教育数据平台。整合各级培训教学机构数据，汇总分析线上线下数据，通过分析人员学习情况、在线资源应用情况、设备设施利用情况等信息，挖掘数据价值，实现针对学生学员的个性化智能推送、能力发展预测、岗位胜任预警，面向各级培训教学机构提供决策辅助，提升培训教育大数据精细化运营水平。

2. 职业院校网络服务平台

目前，各个职业院校都十分重视数字化建设。国家电网有限公司下属的12所职业教育院校也不同程度地建设了信息化系统，探索出了一些新的教学模式，提高了职业院校的运行效率和办学效益，发展趋势是可喜的。但值得注意的是，在职业院校信息化建设成的过程中，也存在不少管理和应用上的问题亟待解决，例如信息化建设应用不平衡、存在信息孤岛、信息系统使用率较低以及网络限制等问题。

针对这些问题，一个有效的解决方案是：建设基于外网的职业教育服务平台，探索建设智能化校园，逐步构建信息内外网、移动无线网、培训教学专网等多网融合的一体化网络环境。通过推进教学标准"四统一"（统一专业建设、统一培养方案、统一课程体系、统一考核标准），加强资源共享（教材共享、师资共享、设施共享、信息共享），开展教学经验交流，促进院校联合培养，最终提高国家电网有限公司职业教育水平。

从我们院校的实际情况看，若是按照规划建成职业教育服务平台，可以首先服务于国家电网有限公司12所职业院校的学历教育，用户群体包括学生、教师、校务管理人员及用人单位；其次可以作为国网总部及各二级单位的管理支撑，用于掌握职业院校实时情况，包括学生情况、师资情况、教学情况等。

职业院校网络服务平台的建设，基于"互联网+教育"思路，统一组织、统一设计、统一管控，内部与各院校管理系统、国家电网有限公司网络大学、毕业生招聘平台等系统集成，外部与高等职业院校人才培养工作状态数据采集与管理平台等系统集成，从而实现资源共享和数据融合。预计到2021年，将与国家电网网络大学深度融合，建成"大职业教育平台"。

三、基于泛在电力物联网的新一代数字化知识体系

目前，与很多职业院校一样，我们的培训教育同样受到工学矛盾、技术条件等因素限制，存在的难点主要表现在：知识技能传递效率有待提高，欠缺学习培训效果评估；线上线下培训尚未有效融合，员工个性化培训需求得不到充分满足；员工全职业周期培训手段和载体尚不完善；缺乏互联网思维，现有在线应用推广缓慢；国别、地域、时空等因素对培训制约依然较大。这些难题在一定程度上降低了学员学生对培训学习的兴趣，延长了成长成才的周期，影响了高素质员工队伍的建设。而泛在电力物联网的建设，为我们创新培训教学模式、破解培训教育难题、提升跨界融合能力、开拓业务新领域、创造培训新价值、更好地履行"人才强企、教育兴业"的责任担当提供了历史性机遇。

物联网是成本最低、效率最高的运行组织，"物物相息"是其根本特点。我们基于"诸事无碍"的万物互联，从设计力、组织力、资源整合力以及战略引领力等方面，着力构建具有泛在电力物联网特色的"五全互联"数字化知识体系，以线上线下全维度培训互联、以评促培全要素培训互联、员工全职业周期培训互联、公司全产业链培训互联、国内国际全地域培训互联为主要特征。这是在新时代以用户体验为核心，构建智慧培训新业态、资源共享新生态、文化传播新路径、技能传承新通道的实践路径，是提供泛在学习智慧服务的必然选择，也是加快建设国际一流企业大学的必由之路。

实现线上线下全维度培训互联，重在打造培训新形态，建设知识集成智慧管理平台，创新培训模式，将资源优势转变为知识优势，把海量培训课程输送到生产现场，实现线上培训资源、线下实训课程和现场学习需求的深度融合。让电网企业的能源流、业务流、数据流充分输送到我们的教学课堂和实训现场，实现实训现场等同于工作现

场、教学课堂等同于生产一线，让学习者所学即所用、所学即所得，增强培训效能和培训体验。

实现以评促培全要素培训互联，重在打造培训新常态，建设员工技术技能智慧评价平台，挖掘培训深度，依据岗位对员工素质和能力的要求，开展员工岗位全要素现状评估，科学分析存在的差距，制订个性化学习计划，推送学习课程，定时评估学习效果，确保人岗匹配。

实现岗位员工全职业周期培训互联，重在创造培训新价值，建设员工终身职业技能智慧培训平台，依据员工职业生涯发展需要，系统分析员工群体数据，为员工量身定制学习规划和计划，提供精准培训服务，着力培养国网工匠，助力员工在最适合的岗位成长成才，实现人生最大价值。

实现公司全产业链培训互联，重在构建培训新生态，建设全产业链培训智慧综合服务平台，发挥培训教育领域的引领、平台、共享作用，搭建开放共建、合作共治、互利共赢的生态圈，统一知识服务技术标准，整合行业培训知识资源和服务平台，形成生态圈自治规则，促进培训知识产权交易，为全公司、全行业和更多市场主体提供人才培养服务。

实现国内国际全地域培训互联，重在塑造培训新业态，建设技术技能国际智慧培训平台，提升"国网标准"技术技能培训能力、"国网特色品牌"传播能力，形成公司国际化培训课程资源支撑、师资团队支撑，输出技术技能，传播国网文化，展示品牌价值，促进互联互通。

总之，从历史发展过程来看，农业社会阶段，知识和信息对经济增长的作用极其有限；第一次工业革命后，技术、技能等知识要素作为渗透性要素在生产过程中开始发挥一定作用，但作用的发挥依存于资本和劳动者素质等要素；第二次工业革命后，知识和信息等潜在要素通过企业家运用于商业，转化为物质形态的直接生产力，企业家才能将这一具有知识属性的要素从劳动中分离出来，成为独立生产要素；数字经济时代，数字化的知识和信息对经济发展的促进作用日益凸显，成为关键生产要素。知识和信息在生产中的作用，也随着生产力的发展而不断增强，数字化的知识和信息已经成为新的生产要素，正推动着人类社会进入更高的发展阶段。基于此，作为经济与社会发展的重要支撑体系，职业教育最有必要围绕创新人才培养模式、拓展培训内涵和外延，持续改进和提升培训效能，构建数字化知识体系，借此为学员学生未来职业发展注入强大文化动力，为用人单位发展注入强劲人才动力。

第四部分 值得关注的两个观点

新时代现代化的职业教育，是随着时代发展不断发展的职业教育。当代表新技术的"大云物移"在不知不觉中发展为"大云物移智链"时，时间只是走过了两年。当人工智能铺天盖地时，当即用即学成为现实时，社会还需要职业教育机构吗？我们还能做什么呢？这些已经是不能回避的历史性课题。

第十九章

人工智能时代的教育方向是"做机器不能做的事"

> 人工智能时代已经到来了。在无所不能的人工智能面前，我们要何去何从？

一、人工智能来了

"一个纯净、纯粹自我学习的 AlphaGo 是最强的。对于 AlphaGo 的自我进步来讲，人类太多余了。"

——柯洁（围棋九段）

让我们回到 2017 年的乌镇，公众们望着彼时中国排名第一的职业九段棋手、围棋世界史上最年轻的五冠王、第二次人机大战主角柯洁不甘的眼泪，人工智能（ArtificialIntelligence，AI）在千家万户面前登场亮相，并凭借社交媒体成为持久力最长的网红，并入选"2017年度中国媒体十大流行语"。

真正令人工智能走进聚光灯下的，应该是国务院同年发布的《新一代人工智能发展规划》，将人工智能定位为实现我国经济高质量发展的国家核心战略，描画了人工智能发展的蓝图，部署了未来人工智能发展的前沿和方向。

在我们大多数人的眼里，人工智能是一个崭新的概念，也大都认为，人工智能是研究、开发用于模拟、延伸和扩展人的智能的理论、方法、技术及应用系统的技术科学。但是，当翻看人工智能的家谱，我们会发现自从在1956年被美国提出，人工智能已悄然走过了半个多世纪，在不同的历史时期被赋予了不同的内涵，并随着计算机科学、哲学、心理学、语言学、神经生理学、通信科学等发展而不断迭代，逐渐从计算机科学的一门分支发展成为独立的交叉前沿学科。

当前，受益于控制论、大数据、云计算、神经计算、深度学习、图像识别、语音识别、虚拟现实等新理论新技术的巨大进步，人工智能已呈现出深度学习、跨界融合、人机协同、群智开放、自主操控等新特征。在赞美与质疑中、在拥抱与恐慌中，人工智能时代已悄然降临，从行车导航到无人驾驶，从语音助手到智能家居，从信息互联到万物互联，整个人类社会和资源体系正在被重塑，现有的各行各业或多或少、或主动或被动发生着改变。教育特别是职业教育也不例外，业界普遍认为，人工智能对于教育行业的冲击将是持续和广泛的，于是些许悲观的声音开始传播开来，一如题头柯洁的那番话，千言万语，汇成一句惊呼：这次"狼"真来了！教育行业要被颠覆了！教师要被取代了！

狼真来了吗？会不会是一条哈士奇呢？

让我们来到2019年5月的北京，主题为"规划人工智能时代的教育：引领与跨越"的国际人工智能与教育大会上，来自全球100多个国家和地区、10余个国际组织的500余位代表探讨人工智能时代的能力素养要求与教育体系构建，探索助力2030年教育目标实现的政策与战略，研究以人工智能为代表的信息技术在教育领域的创新应用，促进国际合作，共同应对数字鸿沟、数据安全与伦理问题等挑战，提出许多关于人工智能时代背景下发展未来教育的新观点和新思路，并通过了《北京共识》。大会一致认为，各国应制定相关政策以促进人工智能与教育教学、教育系统改造相适应，建设更加公平、优质的教育系统，为每个人提供终身学习和终身发展的机会。

由此可以看到，人们正在探讨的是如何让人工智能更好地为教育服务，促进人类的发展。大可不必悲观消极，视其若洪水猛兽，冲击和矛盾客观存在，如何用好人工智能才是问题的关键。

二、时代的变与不变

"人工智能是关于知识的学科——怎样表示知识以及怎样获得知识并使用知识的科学。"

——N.J.尼尔逊（斯坦福大学）

人工智能是人类社会生产力发展到一定高度的产物，代表了更高的生产力，可以为人类提供更好的体验、满足更高的需求，是人类社会从网络化到智能化时代跨越的技术支撑。马克思告诉我们，人具有自然和社会的双重属性，即人具有意识，能够发挥主观能动性，去认识世界和改造世界。人工智能的发展，就是努力让机器去模拟人的某些思维过程和智能行为，像人类一样去认识世界，获取知识，而后改变世界，正如美国斯坦福大学人工智能研究中心N.J.尼尔逊教授对于人工智能的阐述。

在人工智能时代，人类已有的知识、技能作为一个存量，会被机器全盘接受吸收，并且以人类达不到的速率和效率作用于社会生产，例如专家系统、智能机器人、语音助手等。前人工智能时代，大量机械性、重复率高的工作所需要的知识和技能的获取曾经是教育的重要内容之一。然而随着人工智能技术的成熟，有些知识不再需要人脑去死记硬背，有些技能不再需要人类去亲手操作。满堂灌式的教学能手的知识量永远比不过一个人工智能教学助手，一抓准式的技能高手的成品率永远比不过一台调校精准的机器手臂。到这里，教育的形态和内容必然要发生变化，来适应新的智能时代。

首先，教育的形态，即怎样培养人，成为了教育界里的"显学"。人工智能带来的线上线下融合，改变了教师的教学手段和学生的学习习惯；高速的处理和统计分析功能，改变了考试评价和答疑辅导方式。在这里，教师与学生的界限不再泾渭分明。更加重要的是，教育环境不再是标准化的课本课件，海量的资源和智能化的辅助手段，让个性化与标准化得到了最大程度的和谐，每一个学生可以得到经过大数据优化得出的个性化学习方案。对此，那些不善于使用人工智能辅助手段的教育主体包括教师确应感到恐慌。同时，人工智能让追求教育平等的公共政策得以更好地实施，优质的教师和教学资源得以在更大的范围内共享，以较低的成本拉平了地域、贫富差距对教育的影响，传递更为高效的教育成果。就此，联合国教科文组织发布的《教育中的人工智能：可持续发展的挑战与机遇》中提到："人工智能技术能够支持包容和无处不在的学习访问，有助于确保提供公平和包容性的教育机会，促进个性化学习，并提升学习成果"。

其次，教育的内容，即培养会干什么的人，也随着人工智能的普及出现了重要变化，特别是面向技术技能人才的职业教育所遇到的挑战更为巨大。在一个或几个工序或低技能流水线上重复作业所谓的"技术技能型人才"，不再为社会所需要而被机器人所取代，这也是人类发展人工智能的初衷之一——生产率更高、成本更低。所以，教育所培养的人就应该向适应人工智能的方向转变。陕西师范大学教育学院副教授马君认为，人工智能时代的技术技能人才的内涵出现了变化，工作任务变成了承担整条生产线甚至一个车间的生产与监控任务，工作范围和工作量大大增加，所需要的行业及跨行业知识越加丰富与密集。这些需求，对于教育的要求显然是变得更高也更为复杂。

第三，智能化生产系统对职业教育人才培养体系的影响，需要通过优势专业群建设，培养高度复合型技术技能人才。

一者，对职业教育人才培养体系的影响。许多传统岗位将大幅度减少甚至消失，而大量新的岗位将产生，如机器人程序员，这会直接影响到职业教育的专业设置。面对新的工作模式，技术技能人才的知识与能力结构将发生重大变化。而新的知识与能力结构至少包括以下四个成分：精湛的加工技能；对整个生产系统的完整理解与精确控制能力；对相关工业软件的娴熟操作能力；对特定产品与工艺的深入研究与创新能力。因此，智能化生产系统中的技术技能人才是一种高度复合型人才。

二者，对技术技能人才工作模式的影响。主要体现在这样几个方面：工作过程去分工化——在传统车间，他们只需承担一个岗位的操作，而现在他们需承担整条生产线甚至一个车间的生产监控，他们的工作范围大大扩大。人才结构去分层化——传统企业中的工程技术人才通常被划分为三个层面，分别是工程型人才、技术型人才和技能型人才。然而在智能化生产体系中，各层间的人才相互融合，使人才结构呈扁平化趋势。这种融合不仅发生在技能型人才与技术型人才间，也发生在技术型人才与工程型人才间。智能化生产更为需要的是大量融技术理论与技能操作于一体，尤其是能熟练应用工业软件的复合型人才，人才需求层次整体上呈上移趋势。技能操作高端化——高端技能操作主要存在于以下三大领域：一是智能化生产系统的操作，二是智能化生产线本身的安装、调试与维护，三是特种加工所需要的高端技能操作。工作方式研究化——现代企业生产关键在于创新，既需要在设计层面创新，也需要在工艺层面创新。智能化生产体系将要求技术技能人才进行研究性的工作，创新成为工作内容的应有成分。服务与生产一体化——智能化生产系统，包括智能生产、智能工厂、智能物流和智能服务四大主题。在这种生产系统中，服务与生产融为一体，技术技能人才将直接面向客户进行生产，这对他们来说是一种全新的工作模式，他们必须具备与客户沟通的能力以及按照客户需求进行定制化生产的理念。

三者，满足智能制造需要的人才，必须通过专业组群培养具备多种能力的跨学科、跨专业复合型人才。原有适合培养窄口径、专门人才的专业细分培养模式，将不再适应智能化人才的培养要求，通过集聚多个具有内在关联性专业的专业群培养模式创新，可以更加适应培养要求。这就要求传统工科专业必须调整培养方向，依托并拓展专业群，推动人才培养由专门化向复合型转变。

智能化生产系统所需技术技能人才是一种高度复合型人才，这不仅体现在需要掌握横跨具体工业领域与软件领域的学科知识，体现在需要具备技术创新能力，同时还体现在需要掌握精湛的技术技能与完整的复杂生产系统的原理。

总之，变化无处不在。中国教育学会名誉会长顾明远指出："'人工智能+教育'正在使教育发生重大的、可以说是革命性的变革。但是，教育的本质不会变，教育传承文化、创造知识、培养人才的本质不会变，立德树人的根本目的不会变。"因此，不论是从技术，还是伦理的角度看人工智能时代的教育，人工智能都应成为实现个性化育人、促进教育公平、立德树人的优质辅助手段，但技术永远只是手段，不是目的，这是由人类社会的自我检视所决定的。

三、做机器不能做的事

"面对人工智能的快速发展，我们的教育必须要有调整，努力的方向很明确，就是我们教育出来的人要做机器不能做的事，那就是具有创造性的事。"

——钱颖一（清华大学）

从人工智能的历史可以看到，人工智能发展到现在，仍旧是一个因变量，因人类的存量知识而变。人类通过创造知识，实现知识的增量从而成为关键的自变量。没有这个自变量的变化，便不存在因变量的变化。在机器可以胜任大量程式化工作，并且学习能力呈指数增长的时代，人类的创造性显得更加重要。

人工智能时代的教育方向，钱颖一教授给出了答案。能够做具有创造力的事，应当还有一个前提，那就是正确的价值观导向下的创造力。然而正确的价值观导向，其根基必然是道德、情感的培养。这些都是人工智能尚无法企及的一个阶段。道德、情感和创造力的培养，能且只能通过人的教育活动来实现。

正所谓：师者，所以传道授业解惑也。"道、业"包含了人文、科学、技术，"解惑"的过程更是一个思考的过程。人接受教育，学的不仅仅是知识，重要的是要学做一个人，学会与人沟通和交往，培养共情和同理心，培养高尚的道德观，培养观察与批判思维，这些培养，能且只能由人完成。正如中国教育学会名誉会长顾明远先生所指出的："人只能由人来培养，不可能由机器来培养。技术替代不了教师对学生精神世界的影响。教师要做学生锤炼品格的引路人，是学习知识的引路人，是创新思维的引路人，是奉献祖国的引路人。"

具体而言，职业教育的发展，必须坚持产教融合、校企合作。产业的需求，就是职业教育的方向。人工智能时代改变着社会各行各业、方方面面，按照历史规律，产业做出的调整往往是提前于职业教育的。比如，2019年初，国家电网有限公司提出了"三型两网，世界一流"战略目标，致力于建设枢纽型、平台型、共享型企业，和坚强智能电网、泛在电力物联网，这是顺应能源变革和人工智能发展的重要举措。由此，作为职业教育系统，不能做旁观者，而要做参与者。致力于提高人才精准有效供给能力，输送的人才一定是复合型的：不仅要具备高尚道德、责任感、良好沟通和共情能力等职业品质，会安全常识、电气技术、操作技能等职业素质，更要懂得信息技术、具备匹配人工智能的思维方式。

在这其中，人工智能发展带来的虚拟现实、大数据等技术可以大量应用到人才培养当中，未来还可以实现更多。不过，立德树人这一根本目标，职业操守的养成与创造力的保护，这些都是职业教育应该投入最大精力去做的事情。因为机器做得越多，对操作控制机器的人的要求只会越苛刻，操作越"傻瓜"，人应该越"聪明"。

人类与机器共生的日子里，机器可以做、能做的事在不断增加着，教育的转型任重道远，相信在立德树人这一教育工作总基调的引领下，教育可以为人类认识世界、改造世界提供更多的正能量；职业教育可以进化为更加职业的教育模式。

第二十章

职业教育的核心，教育要职业

> 职业教育的存亡与兴衰，既是一个严峻的社会问题，更是职业教育本身不能回避的问题。而作为一种社会组织形态，职业教育的发展抑或衰落，也许更多地是由职业教育机构自身所决定的。

一、职业教育的现实困局：职业教育不职业

改革开放40年以来，随着我国经济社会发展进入新时代，"中国制造2025"战略全面实施，社会产业不断升级和经济结构调整持续加速，技术技能人才需求越来越紧迫，职业教育的地位和作用愈加凸显，教育职业化的趋势愈加迫切。《国家职业教育改革实施方案》等系列文件的出台，在国家层面对职业教育改革与发展提出的全局性实施方案，具有非常深刻而长远的意义。

但从现实情况来看，受传统教育观念以及激烈就业竞争的影响，职业教育存在发展不平衡、结构不平衡、区域不平衡等明显短板，与真正的"类型教育"还有一定差距，主要体现在对职业教育的规律认识不足，职业教育在整个教育体系中话语权不足，职业教育体系没有贯通，职业教育标准还不完备。概言之就是，当前我国的职业教育还

不够"职业"。

（1）对"职业"的诠释不够深入。 在美国，小学生毕业之前会组织一个专门的"职业日"活动。学校通常会提前征求老师、家长、学生的意见，包括对未来的职业展望，希望在职业日中介绍什么样的职业，来校交流的嘉宾该怎么展示，怎样的形式，能让小学生一听就懂，等等。等到职业日那天，各行各业的嘉宾会来到学校，向学生们展示自己职业的风采。理发师手中的剪刀、护士手里的针筒、蛋糕师手中的裱花器具、教授手里的试验器材，所有的这一切都让孩子们感到新奇而惊喜，积极参与并体会不同职业所带来的快乐，一些孩子的心中就此埋下了关于"职业"的理想种子。俄罗斯的许多大型企业，也经常举办中小学生知识竞赛或夏令营活动，旨在传播与自己产业有关系的知识，旨在引导中小学生的学习兴趣。

就此，杜威早在《民主主义与教育》一书中就指出，职业是唯一能使个人的特异才能和他的社会服务取得平衡的事情。找出一个人适宜做的事业并且获得实行的机会，这是幸福的关键。而我们的职业教育从一开始就不够职业化，对"职业"的诠释不够到位，没有充分的让大家理解每一种职业的魅力，所以很多学生对职业院校的选择成了不得已而为之，而不是发自内心的喜欢。

（2）课程设置不够职业化。 大部分职业院校在教学安排上，考虑到学生的接受能力以及对后续教学必要的提前准备，课程设置全而不精，安排了很多普通文化课，诸如语文、数学、外语、物理、化学等等。那么对于因普通文化课成绩不好才选择了职业中专的学生来说，上来就是当头一棒！职业院校的目标是就业，就业的前提是要有技术。在课程安排上应该更精一些，把大量的时间让学生对自己本专业的知识加以实践，通过熟能生巧的反复训练为就业做好扎实的知识技能储备。

（3）专业技能训练不够职业化。 现在许多职业院校仍只注重理论知识教学,轻视实践能力培养,因而在就业竞争中,学生受过职业教育的优势难以表现出来。所以我们会经常看到报纸上有几千元高薪难聘高级技工,而大量职业学校毕业生找不到工作的矛盾现象。读了职业院校却没有专业优势,学了几年技术技能却干不了实际的工作,这是职业教育的悲哀。长此以往就会形成恶性循环,导致"人岗不匹配"的结构性矛盾会日益上升为就业领域的主要矛盾,进而形成"有活没人干"和"有人没活干"并存的尴尬局面。

二、职业教育发展的基础:准确把握"类型教育"特征

职教20条明确了职业教育"类型教育"的属性特征,有效推进了我们对职业教育的本质认知水平,开启了职业教育发展的崭新图景。贯穿其中的关键词是"转型",即职业教育的办学模式,要准确把握职业教育作为"类型教育"的主要特征,从普通教育转向类型教育,推动职业教育"职业化"发展。由此:

(1)**准确把握职业教育的"跨界"特征。**职业教育作为一种教育类型,其协同育人的办学格局在于由一元主体转向双元主体:从传统的普通教育,即往往只有学校这样一个单一学习地点的办学及运行格局的定界教育,向现代的职业教育,亦即在学校与企业或其他社会机构的两个或两个以上学习地点的双元或多元办学及运行格局的教育转变。

(2)**准确把握职业教育的"整合"特征。**职业教育作为一种教育类型,其生存发展的社会价值在于由单一需求转向双重需求:从传统的普通教育,即往往只在游离于经济和社会发展之外、与职业实践脱节、仅关注个性需求的纯学校形式的育人教育,向现代的职业教育,亦即将创造物质财富的产业需求与培育人文精神的教育需

求整合为一体的教育转变。

（3）准确把握职业教育的"重构"特征。职业教育作为一种教育类型，其制度创新的逻辑工具在于由单维思维转向多维思维：从传统的普通教育只关注认知的单维度即学科知识积累、以升学为目标的教育，向现代的职业教育关注认知与行动兼容的多维度，即知识、技能或资格等行动知识的积累与职业能力的提升并重、升级涵盖升学的"文化素质＋职业技能"的教育转变。

三、职业教育的核心：教育要职业

黄炎培先生曾提出，职业教育的目标应该为个性之发展，为谋生之准备，为个人服务社会之准备，为增进生产力之准备。从职业教育的定义来看，是让受教育者获得某种职业或生产劳动所需要的职业知识、技能和职业道德的教育。这其中的"职业"，是个体融入社会的载体，使人从自然人成为社会人；是个体生涯发展的媒介，使人从自然人成为职业人；是个体张扬天赋的平台，使人从自然人成为自在人。

职业教育作为类型教育，其本质是教育，核心是职业，教育性是职业教育的本质属性，职业性是职业教育区别于普通教育的功能特征。职业教育要以"职业"为纽带，整合社会需求与人本需求这两大需求，要围绕学生的职业能力办教育，围绕企业的岗位需要办教育，围绕行业的发展需求办教育。

1. 理论先行，探索构建完善的现代职业教育理论体系

新时代职业教育理论体系，要以习近平新时代中国特色社会主义思想为指导，立足全面建成小康社会、实现社会主义现代化强国建设目标、铸就中国梦的时代背景。既是对职业教育一般规律的坚持和发

展，更是现代职业教育理论在新的时代契机下，通过自我变革与丰富，从而呈现出历史继承性与时代创新性特点的科学理论体系。而要实现于此：

一要逐步打破"学科中心"逻辑下的传统职业教育理论体系。在传统的职业教育理论构建中，学科论基本上被视为职业教育理论体系构建的唯一基础。但是，将职业教育作为一种学科存在而进行的理论体系构建，所建构的理论体系多是一种抽象、系统的认识，即是以一种系统化的方式将经验世界中某些被挑选出的方面概念化并组织起来的一组内在相关的命题，抑或是一组逻辑相连的符号。但从严格意义上来讲，它们只能作为职业教育理论体系中的基本细胞，还不能称之为理论。以学科建制的思维去构建职业教育的理论体系，不仅难以自圆其说，而且容易导致程序工具主义，不利于建立较为完整的理论体系。

二要探索构建"领域"逻辑下的现代职业教育理论体系。我国学者在积极探索职业教育学理论体系过程中提出了不少有价值的观点。第一种是"逻辑起点论"，认为建构职业教育学的学科体系，首先应把握其逻辑起点，然后从逻辑起点出发，运用逻辑手段层层推导，逐步展开，从抽象上升到具体，构成严密的逻辑系统。第二种是"问题系统论"，认为建立理论体系的首要任务是确立这门学科的基本问题，并通过这一问题的表述，引申出与之相关的其他一系列问题，最终构成一个多层次的、联结职业教育学各方面主要因素的严密逻辑系统。第三种是"范畴水平论"，认为学科体系建构的基础是学科范畴的确定和研究，在此基础上，依据逻辑推演轨迹，形成系统的范畴体系。上述观点尽管出发点不同，但在构建职业教育理论体系过程中形成了一个普遍的共识，那就是将职业教育作为一个领域，探讨职业教育与社会系统环境特别是经济环境发生联系时产生的现象问题和理论问题，利用跨界思维的研究方法，以跨界视角对职业教育的概念、范畴和逻辑体系进行审视，运用系统化的方法把已经获得的各种理论知识——现象、概念和原理构成一个科学的理论系统。

2. 内容为王，加快构建职业生涯全周期资源体系

一要主动对接未来职业发展需求。顺应科技进步带来的社会生产组织方式变化和无边界职业生涯发展趋势，深入研究职业教育"学习－工作－再学习－再工作"的多重循环模式，打造"职业教育+技术技能培训"全产业链，推动职业教育由阶段式学历教育体验向终身学习机制全面拓展，贯通职前学历教育和职后职业培训一体化办学格局，满足职业教育学生就业后的新知识学习、新技能获取，以及学历学位晋升等职业生涯发展需求，帮助其实现不同岗位转换、不同组织流动，为纵向职业升迁和横向职业转换积蓄知识和技能资本。

二要形成资源迭代机制。针对人工智能时代下信息知识、科学技术快速增长、更新特点，充分发挥网络大学等在线教育平台优势，及时对行业最新知识、实训资源、人工智能技术进行整合迭代，彻底扭转"用过去的知识培养未来的人才"被动局面，为职业教育和技能培训提供按需所取、极大丰富的碎片化、多元化的知识平台。

3. 立体驱动，全面打造全方位跨界组织形态

职业教育作为一类跨界教育，其研究既要开展教育领域的研究，又要开展职业领域的研究，全面打造跨界组织形态，实现产与教更加融合，理论与实践更加紧密，学与做更加统一。

一是推进校企合作常态化。逐步实现由政府举办为主向政府统筹管理、社会多元办学的格局转变，各级政府部门深化"放管服"改革，由注重"办"职业教育向"管理与服务"过渡，主要负责规划战略、制定政策、依法依规监管。企业更多担负起发展职业教育的多元主体责任，充分发挥资本、技术、知识、设施、设备和管理等要素优

势参与校企合作,促进人力资源开发。职业院校立足人才培养定位,充分发挥知识集成和创新创造优势,以人力资源、知识资源、创新资源,助力行业企业发展。同时,积极鼓励发展股份制、混合所有制等职业院校和各类职业培训机构,建立公开透明规范的民办职业教育准入、审批制度,共同构建教育链、人才链、创新链和产业链贯通融合的职业教育与行业产业协同发展格局。

二是推进线上线下一体化。利用"互联网+教育"的技术优势,加快推进人工智能与职业教育的融合与创新,建立智能互动的智慧教育供给平台、常态化智慧课堂和大数据化智慧教育生态系统,实现在最短时间内整合、重组海量知识资源,由知识的理解记忆转向知识的迁移应用,最终指向创新创造,形成引领行业发展的技术技能知识体系。推广线上线下相结合的培训教学模式,打破地域和时间限制,提供公共学习空间,实现全天候开放,满足在线学习和自主学习需求。建立信息化服务平台,以在线教育为基础,以大数据分析和多系统信息共享为保证,建立面向组织和个人两个维度的员工成长电子化档案,提供团队整体优化解决方案,为员工个人量身打造学习路径。

三是推进合作交流国际化。紧跟"一带一路"倡议,在"引进来"的基础上树立文化自信,加快整合优质职教资源和品牌培训专业,打造中国特色技术技能人才培养模式,主动对接国际组织、行业协会、科研院所,探索成立职教国际联盟,打造国际培训交流平台,组建联合科研攻关团队,在"走出去、走进去、走上去"的过程中,秉承"走出去"有恒心、"走进去"有信心、"走上去"有决心,因势而动、精准发力,输出技术技能,传播中国文化,展示品牌价值,促进共享共通,努力成为知识传播、文化自信的先进典范。

4. 以人为本,着力打造职业化师资队伍

一是要充分认识职业教育教师的特殊性。职业教育领域的教师特

殊性，体现在职教教师既是某一职业领域的技师型专业技术人才，又是在某一专业领域胜任教育教学的职业院校教师。我国职教教师教育总体上体现为三性：学术性/专业性、职业性/技术性、师范性/教育性。早在20世纪初，陶行知就对职业教师的三大要事做了明确阐述：生利之经验、生利之学识与生利之教授法。相比较而言，"学术性/专业性"对应于"生利之学识"，"职业性/技术性"对应于"生利之经验"，而"师范性/教育性"对应于"生利之教授法"。作为职教教师，必须具备这三方面的能力，如果不能兼备，则对于体现其功能特征的职业教育来说，"职业性/技术性/经验"更为基础和根本。如果没有"经验"，教授法再"精密"，学术再"高尚"，也不能传授学生"生利"的本领或能力。

二是教师要主动做工匠精神培育的具体执行者、组织者以及示范者。 "工匠精神"是一个动态发展、不断生成的概念，在新的社会背景下，工匠精神包括专注坚守的职业精神、精益求精的品质精神、勇于创新的卓越精神、协同合作的团队精神，兼具历史性与时代性。其中，"专注坚守"是基础，"精益求精"是目标，"勇于创新"是途径，"协同合作"是方式。一方面，职业院校应主动承担起教师培养培训任务，为教师提供相应的学习条件，鼓励教师通过师资培训、专题讲座、同行交流、社会实践等方式深化自身对于工匠精神的认识和理解，激发自身对工匠精神弘扬和培育的热情；另一方面，教师应以身作则，自觉践行工匠精神，在本职工作中尽职尽责、严谨求实、精益求精、追求卓越，为学生树立良好的榜样，在教育教学过程中以及与学生日常相处过程中影响和感化他们。同时，教师还要时刻秉承着立德树人、教书育人的教育理念，在日常教学过程中有意识地将敬业、精益、专注、创新等优秀品质和精神传达给学生，寓教于学。

总之，职业教育本身就是一个职业，职业教育需要一个广义的职业化团队来发展。简言之，职业教育的核心，教育要职业。

参考文献

[1] 徐东,张继华,郭道瑞.我国古代职业教育的发展[J].职教论坛,2006(11):60-62,63-65.

[2] 古翠凤,陈小满,辛欢.经济学视角下我国职业教育起源探析[J].集美大学学报,2014(4):65-68.

[3] 谢长发.中国职业教育史[M].太原:山西教育出版社,2011.

[4] 徐国庆.从分等到分类-职业教育改革发展之路[M].上海:华东师范大学出版社,2018.

[5] 石伟平,匡瑛.中国教育改革40年-职业教育[M].北京:科学出版社,2018.

[6] 陈友力.改革开放四十年中国高等职业教育政策的变迁——历史、结构与动力[J].教育学术月刊,2018(12):14-15.

[7] 石伟平,匡瑛.中国教育改革40年-职业教育[M].北京:科学出版社,2018.

[8] Lanford.M., Tiemey, W..Fromvocationaleducationtolinkedlearning: Transformationofcreer-orientededucationinthe.s.[EB/OL].[2018-01-09]. http://eric.ed.gow/fulltext/ed574633-pdf.

[9] Hanford.E., Thetroubledhistoryofvocationaleducation [eb/ol].[2017-11-07j.httP://wwwAmericanradioworks.org/segments/.[12] Lewis, T&Cheng, S..Expectations, andthetransformationofvocationaleducation[J]. AmericanJournalofEducation,2006,113(1):67-96.

[10] [美]赫伯特·斯坦.美国总统经济史:从罗斯福到克林顿[M].金清,郝黎莉,译.长春:吉林人民出版社,1997.

[11] 傅岘.巨人百库丛书——肯尼迪传[M].沈阳:辽海出版社,1998.

[12] Dillon, C..AreaRedevelopmentAct—Whathasitaccomplished?[J]. Challenge,

1963.

[13] 邓晖,叶乐峰.思政课作用不可替代思政课教师责任重大——与会教师热议习近平总书记在学校思政课教师座谈会上的重要讲话[N].光明日报,2019-03-19(4).

[14] 谢俐.中国特色高职教育发展的方位、方向与方略[J].现代教育管理,2019(4):1-4.

[15] 姜大源.跨界、整合和重构:职业教育作为类型教育的三大特征[J].中国职业技术教育,2019(7):9-12.

[16] 张健.适合的职业教育:价值特征与实现路径[J].中国职业技术教育,2019(13):19-21.

[17] 陈正江.基于跨界特征的高等职业教育类型特色建构[J].职教论坛,2019(3):139-143.

[18] 上海市教育科学研究院,麦可思研究院.2019中国高等职业教育质量年度报告[M].北京:高等教育出版社,2019.

[19] 王娟.职业教育本质属性的历史比较与现实思考[D].长沙:湖南师范大学,2005:7-29.

[20] 张亚丽,陈秋生.高等职业教育的八大特征[J].现代教育科学,2008(5):64-66.

[21] 柳遂文.高等职业教育的类别特征[J].中国高教研究,2007(4):54-56.

[22] 周明星.现代职业教育本质属性探析[J].教育与职业,2003(1):27-28.

[23] 孙琳,李里.职业教育的本质属性与发展模式选择[J].中国职业技术教育,2006(4):13-15.

[24] 李玉民.浅议高等职业教育的若干基本问题[J].中国电力教育,1995(2):69-70.

[25] 何农.从高等职业教育的特征看高等职业教育院校的办学模式[J].

郑州铁路职业技术学院学报，2000（3）：13-14.

[26] 王前新. 高等职业技术院校发展战略研究［D］. 武汉：华中科技大学出版社，2004.

[27] 傅伟，柳青松，邓光. 基于工作过程系统化的高职专业建设内涵探析［J］. 职教论坛，2010（9）：40-42.

[28] 徐建华. 我国校企合作的历史变迁及发展趋势［J］. 职业技术教育，2009（7）：39-41.

[29] 王松. 从补偿到义务：新时代职业教育校企合作机制研究［J］. 职教论坛，2018（9）：45-49.

[30] 苟兴功. 共建企业学院创新校企合作模式［J］. 教育与职业（综合版），2013（6）：78-79.

[31] 张兴. 高等教育办学主体多元化研究［D］. 上海华东师范大学出版社，2002.

[32] 祝爱武. 责任与限度：高等教育办学主体研究［D］. 南京南京师范大学出版社，2012.

[33] 潘海生，马晓恒. 职业教育中企业办学主体地位的内涵解读及政策启示［J］. 职教论坛，2014（22）：9-13.

[34] 高菁. 关于校企合作中企业主体地位的探讨［J］. 科技创业月刊，2015（8）：54-55.

[35] 邓泄瑶. 发挥企业重要主体作用建立校企合作长效机制——重庆水利电力职业技术学院校企合作实践探析［J］. 职教论坛，2016（29）：47-50.

[36] 卡尔霍恩·威克. 将培训转化为商业结果——学习发展项目的6D法则［M］. 北京：电子工业出版社，2013.

[37] 时宇娇. 论陶行知职业教育思想［J］. 教育探索，2016（11）：1-5.

[38] 瞿凡. 教育治理视角下新时代中国特色职业教育践行研究［J］. 广西民族大学学报，2019（3）：175-178.

[39] 教育部关于职业院校专业人才培养方案制订工作的指导意见（征求意

见稿）[Z]．中华人民共和国教育部职业教育与成人教育司，2017．

[40] 方桐清，黄宝玲．试论高职院校专业课教学中德育功能的渗透[J]．煤炭高等教育，2007（9）：78-80．

[41] 景俊海．用中华优秀传统文化助推中国梦的实现[N]．光明日报，2016-01-23（09）．

[42] 王立新，王英兰．"课程思政"视角下高职会计专业课教学改革探讨[J]．浙江工贸职业技术学院学报，2018（6）：21-24．

[43] 袁颖，朱国福，杨柏灿，等．立足文化内涵实施课程育人：中药学教学中课程思政的探索[J]．中医教育ECM，2018（7）：27-30．

[44] 闫德利．数字化的知识和信息成为新的生产要素[N]．中国信息产业网－人民邮电报，2017-7-7．

[45] 侯顺启．知识形态的演变对文化知识传播效益的影响[J]．中国教育信息化，2012（24）：20-23．

[46] 彭仁孚．以思想解放深化高职工作流程导向课程教学教改[J]．企业导报，2015（23）：151-152．

[47] 陈湘，欧阳广．基于工作流程的立体化教材建设[J]．中国电力教育，2010（13）：98-100．

[48] 赵庆志，谭培红．以工作过程系统化为导向的《电气控制技术》教学改革创新[J]．教育教学论坛，2018（20）：126-127．

[49] 王红纪，王红伟，张云飞．基于工作过程教学模式探讨[J]．科技资讯，2017（02）：172-174．

[50] 周思含，银波．关于深化职业教育改革发展的思考[J]．现代教育科学，2019（7）：23-27．

[51] 路宝利，缪红娟．职业教育"类型教育"诠解：质的规定性及其超越[J]．职业技术教育，2019，932（10）：6-14．

[52] 姜大源．为什么强调职教是一种教育类型[N]．光明日报，2019-3-12．

[53] 吴永刚．职业教育要更加贴近职业[N]．光明日报，2019-5-14．

[54] 董文娟，黄尧. 人工智能背景下职业教育变革及模式建构[J]. 中国电化教育，2019，390（7）：1-7.

[55] 谢莉花，陈慧梅. "职业科学"——职教教师教育的"专业科学"：现状与挑战[J]. 中国职业技术教育，2019（15）：22-29.